dtv

W0374810

dtv

portrait

Herausgegeben von Martin Sulzer-Reichel

*Dr. phil. Wolfgang Schlüter*, Jahrgang 1943, studierte Philosophie, Psychologie, Soziologie und Pädagogik in Innsbruck, Tübingen und Paris. Er lehrt als Professor für Philosophische Anthropologie, Politische Philosophie und Ethik an der Katholischen Fachhochschule Nordrhein-Westfalen in Aachen.

# Immanuel Kant

von Wolfgang Schlüter

Deutscher Taschenbuch Verlag

Weitere in der Reihe **dtv portrait** erschienene Titel
am Ende des Bandes

*Für Lilly*

Originalausgabe
September 1999
3. Auflage August 2004
Dieses Buch folgt den Regeln der neuen deutschen Rechtschreibung.
© Deutscher Taschenbuch Verlag GmbH & Co. KG, München
Umschlagkonzept: Balk & Brumshagen
Umschlagbild: Immanuel Kant, Gemälde von Gottlieb Doebler (1791)
(© AKG, Berlin)
Layout und Satz: Agents – Producers – Editors, Overath
Druck und Bindung: APPL, Wemding
Gedruckt auf säurefreiem, chlorfrei gebleichtem Papier
Printed in Germany ISBN 3-423-31014-6

# Inhalt

1 Immanuel Kant. Gemälde von Hans Kurth aus dem Jahr 1931 – nach einem weitgehend identischen Altersportrait von Gottlieb Doebler aus dem Jahr 1791 (siehe auch Umschlag)

# Was haben wir mit Kant zu tun?

## Fragen bzw. Antworten Kants, die uns noch heute beschäftigen

Immanuel Kant, 1724 geboren, 1804 gestorben, ist seit beinahe zwei Jahrhunderten tot. Wenn auch Erkenntnisse in der Philosophie nicht ganz so rasch überholt sind wie in den Naturwissenschaften, stellt sich doch die Frage, ob Kant und sein Werk uns heute tatsächlich noch etwas angehen. Selbstverständlich verdient Kant allein als historische Figur der Geistesgeschichte besonderes Interesse. Aber eine ganz andere Perspektive ergibt sich, wenn wir uns mit ihm in dem Bewusstsein beschäftigen, dass zentrale Fragen und Ergebnisse seines Philosophierens nach wie vor entscheidend für unsere heutige Sicht der Dinge sind.

In dieser Einleitung soll deshalb an einigen Beispielen erläutert werden, inwiefern sowohl in unserem Alltagsdenken als auch in der zeitgenössischen wissenschaftlichen Erkenntnistheorie sowie in heutigen Fragen der Moral und Lebensführung nachhaltige Wirkungen Kantischer Philosophie enthalten sind.

Danach wollen wir zu Kant selbst zurückgehen und zu verstehen suchen, wie er zu seinen Fragestellungen und zu seinen Lösungen kam. Dies wiederum gelingt vielleicht am besten, wenn wir zunächst einmal seine geistige Epoche, das Zeitalter der so genannten Aufklärung, betrachten und da-

Kant hat durch sein Werk einen Schritt im Philosophieren getan, der weltgeschichtliche Bedeutung hat. Vielleicht ist seit Plato nichts geschehen, was in der herben Luft des Denkens und aus ihr wirkend so weitreichende Folgen haben müßte, nicht im Raum der Technik und Naturbeherrschung, sondern im Inneren des Menschen für seine Denkungsart, sein Selbstbewußtsein, seine Idee, seine Antriebe und seinen guten Willen …

Kant ist ein Träger der Humanität der Aufklärung. Er ist nicht nur der große Kopf, sondern der wahrhaftige Mensch. Sein Ethos kennt nicht übersteigerte Handlungen, in denen Moral unwahrhaftig konstruiert oder pathetisch demonstriert wird, um dann sich im eigensüchtigen Alltag zu verstecken. Sein Ethos ist das Ethos gerade des Alltags und jeden Augenblicks. Ihn brauchen wir nicht als ein Fremdes zu bewundern. Mit ihm können wir leben. Ihm möchten wir folgen. *Karl Jaspers*

Zehn Jahre habe ich innerhalb des Kantischen Gedankens gelebt; ich habe ihn eingeatmet wie eine Atmosphäre, und er war zugleich mein Haus und mein Gefängnis. Ich zweifle sehr, daß jemand, der nicht dergleichen tat, in Klarheit den Sinn unserer Zeit erblicken kann. Im Werke Kants sind die entscheidenden Geheimnisse der modernen Epoche enthalten, ihre Tugenden und ihre Grenzen. Dank seinem Genius sieht man in Kants Philosophie, vereinfacht zu einem Präzisionswerk der Uhrmacherkunst, das viel umfassende Leben des Okzidents der letzten vier Jahrhunderte ablaufen. Die »Unruhe«, die klar erkennbar die Räder dieser Gedanken bewegt, der Mechanismus ihres Ganges ist derselbe, der in der unangreifbaren Form von Tendenzen, Strömungen, Neigungen die europäische Geschichte seit der Renaissance getrieben hat. *José Ortega y Gasset*

raufhin Kants eigenen Lebens- und Denkweg schrittweise nachvollziehen. Dieser Weg führt zu den berühmten drei grossen Fragen, die seit eh und je jeden einzelnen Menschen in seinem Leben hin und wieder beschäftigen: 1. Was kann ich wissen? 2. Was soll ich tun? 3. Was darf ich hoffen?

Entsprechend diesen drei Fragen ergibt sich der Aufbau dieses Buches. Die erste Frage kann auch so formuliert werden: Gibt es »wahre« Erkenntnisse? Sie wird in der Erkenntnistheorie behandelt. Die zweite Frage betrifft die Ethik, und zunächst einmal bekommt sie die Fassung: Gibt es allgemein gültige Werte? Kants dritte Fragestellung gehört schließlich in den Bereich der Religions- bzw. der Geschichtsphilosophie. Dabei werden wir die Hauptwerke Kants zu Rate ziehen, obgleich es im Rahmen dieser Einführung unvermeidlich ist, dass einige wichtige Werke – wie selbst die ›Kritik der Urteilskraft‹ – nicht oder nur am Rande behandelt werden können.

Zum Abschluss soll der Wirkung Kants nachgegangen werden, sowohl bei seinen als auch bei unseren philosophierenden Zeitgenossen, in den empirischen Wissenschaften ebenso wie bei den Ethikern, wobei wir erfahren werden, dass gerade in Fragen der Moral von Kant noch immer zu lernen ist.

Das Leben ist für uns das, was wir in ihm wahrnehmen. Für den Bauern, dessen eigenes Land sein ein und alles ist, ist dieses Land ein Imperium … In Wahrheit besitzen wir nur unsere eigenen Wahrnehmungen; auf sie und nicht, auf was sie sehen, müssen wir demnach die Wirklichkeit unseres Lebens gründen.

*Fernando Pessoa*

## Zum Beispiel das »Ding an sich« oder die Frage nach der Objektivität unserer Erkenntnisse

Wenn wir Ausschau halten nach Wirkungen Kantischer Philosophie in unserer Alltagssprache, so fällt sehr bald die häufige Verwendung des Wörtchens »objektiv« auf, meist im Zusammenhang mit seinem Gegenpol »subjektiv«. Wir reden gern von objektiven Tatsachen, im Gegensatz zu subjektiven Meinungen. Landläufig ist die Vorstellung, dass empirische Wissenschaften objektive Erkenntnisse hervorbringen, während die so genannten Geisteswissenschaften allenfalls zu subjektiven Einschätzungen gelangen.

Unsere Alltagssprache verwendet jedoch mit »objektiv« und »subjektiv« nicht nur unterschiedliche Bezeichnungen für unterschiedliche Erkenntniswege, sondern sie bewertet sie gleichzeitig auch unterschiedlich. »Objektiv« wird alltagssprachlich mit »wahr« assoziiert, »subjektiv« wird üblicherweise mit »falsch«, »beliebig« oder »höchstens für dich gültig« übersetzt.

2 Das Gehirn: Organ des Erkennens. Bildet es die »Außenwelt« ab, wie sie ist oder wie sie erscheint?

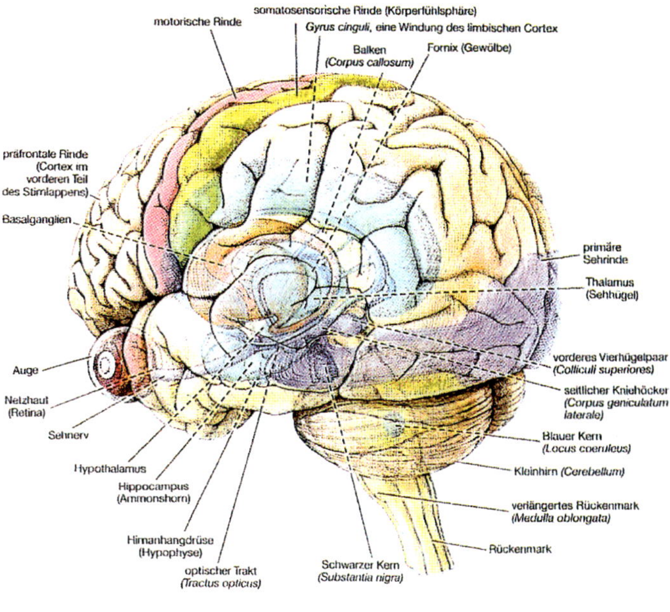

Um herauszufinden, was »tatsächlich« geschehen ist, versuchen wir, so viele »objektive Daten« wie möglich zu ermitteln. Sagt jemand: »Es ist kalt«, ich jedoch finde es ziemlich warm, ziehe ich das Thermometer zu Rate; zeigt es beispielsweise 30 °C, behaupte ich: »Es ist nicht kalt, höchstens dir ist kalt«, und suche eine objektive Ursache dafür zu ergründen, etwa einen Sonnenstich.

Was ich wahrnehme, halte ich auf den ersten Blick für einen objektiv gegebenen Gegenstand. Auf den zweiten Blick jedoch bemerke ich: Ob ein Ding, das ich empfinde, wahrnehme oder denke, außerhalb meines Empfindens, Wahrnehmens oder Denkens überhaupt existiert, bleibt höchst ungewiss: Das »Ding an sich« – so wie es außerhalb meines Denkens ist – erreiche ich nie. Diese Einsicht ist höchst bedeutsam, wenn wir uns wieder daran erinnern, dass wir üblicherweise das Objektive mit dem Wahren gleichsetzen. Der subjektiven Sicht dieses oder jenes Mitmenschen – und letztlich auch der eigenen – trauen wir keinesfalls zu, die »Wahrheit« zu erkennen. Wenn wir aber das wahre Objekt niemals erkennen können, dann auch keine »Wahrheit«. Dann aber können wir auch keine wahren Aussagen treffen über irgendwelche Dinge, wie sie »an sich« sind.

Es könnte nun allerdings scheinen, dass es sich bei dem bisher Gesagten um einen Taschenspielertrick oder zumindest um etwas Kindlich-Harmloses handelt, dem im Ernst wenig Bedeutung zuzumessen sei. Dass es sich ganz anders verhält, merken wir allerdings schon daran, wie oft wir die kleine Wendung »an sich« gebrauchen: Der Fluss ist verschmutzt, aber »an sich« ist das Wasser klar. Oder: Die Brücke ist eingestürzt, »an sich« hätte sie halten müssen. Oder: Er hat dieses schreckliche Verbrechen getan, aber »an sich« hat er einen guten Charakter. Oder: Dieser Mensch ist zwar geistig behindert, aber »an sich« ist er ebenso fähig wie jeder andere Mensch.

ich schaue mich an in dem was ich anschaue
ein eindringen durch meine augen
in ein klareres auge
mich schaut an was ich anschaue
meine schöpfung ist das hier was ich sehe
die wahrnehmung ist die vorstellung
wasser der gedanken
ich bin die schöpfung dessen was ich sehe

*Octavio Paz*

So unterschiedlich die Lebensbereiche sind und damit auch die Aussagearten, denen diese Beispiele zuzuordnen sind – eines ist ihnen jedenfalls gemeinsam: Sie setzen ein Wissen vom »Wesen« einer Sache bzw. eines Erkenntnisgegenstandes voraus, das aber nicht selbst in Erscheinung tritt. Ob es jenseits des uns Erscheinenden ein »wahres«, »eigentliches« Ding »an sich« gibt, ist also fraglich. Was wir wahrnehmen und erkennen können, ist nicht das klare, sondern das braune Flusswasser, ist nicht eine »eigentlich« stabil konstruierte, sondern eine eingestürzte Brücke, ist nicht der gute Charakter des Kriminellen, sondern sein Verbrechen, ist nicht die Fähigkeit, sondern die Unfähigkeit des Schwerbehinderten.

Diese Beispiele zeigen, wie wichtig es ist zu klären, ob – und wenn ja, wie – »hinter« den Erscheinungsweisen der Dinge mit Gewissheit noch etwas zu erkennen wäre, was wir dann als das wahre Wesen der Dinge bezeichnen könnten. Das ist nun der zentrale Punkt, bei dem Kant ansetzt. Als Erstes wird er uns zeigen, dass die Antwort auf diese Frage nur »Nein« lauten kann, und zwar deshalb, weil wir die Frage völlig falsch gestellt haben.

## Zum Beispiel die »Erfindung der Wirklichkeit« Paul Watzlawick und die Konstruktivisten

Nicht nur Überlegungen des so genannten gesunden Menschenverstandes weisen auf entscheidende Fragestellungen Kants zurück. Auch Wissenschaftler von hohem Rang – insbesondere Naturwissenschaftler wie beispielsweise der Verhaltensforscher Konrad Lorenz und in jüngerer Zeit die chilenischen Biologen Umberto Maturana und Francesco Varela – haben die Kantische Philosophie als Fundament und Abstüt-

**Kritische Philosophie** ist diejenige, welche nicht mit den Versuchen, Systeme zu bauen oder zu stürzen, oder gar nur ein Dach ohne Haus zum gelegentlichen Unterkommen auf Stützen zu stellen, sondern von der Untersuchung der Vermögen der menschlichen Vernunft Eroberung zu machen anfängt und nicht so ins Blaue hinein vernünftelt.

*Immanuel Kant*

3 »Dieses Zeichen nicht beachten« (Foto: Baron Wolman)

zung ihrer erkenntnistheoretischen Ansichten wieder aufgenommen. Als aktuelles Beispiel sei der Konstruktivismus angeführt, der seit zwei Jahrzehnten in der Wissenschaftsphilosophie und in etlichen anwendungsbezogenen Wissenschaften heftig umstritten ist, insbesondere in einigen Humanwissenschaften wie Soziologie und Psychologie.

Der Konstruktivismus, insbesondere in seiner radikalen Ausprägung, wie ihn etwa Paul Watzlawick, Ernst von Glasersfeld und Heinz von Foerster vertreten, betrachtet alle Wirklichkeit als von Menschen gemacht, genauer: als kommunikativ erzeugte Realität. Das Basismodell hierfür liefert die Informationstheorie. Demnach beruhen Regelung und Steuerung von Information auf der Rückkoppelung aller verfügbaren Faktoren in einem Kreisrelationensystem. »Erkenntnis« ist danach nicht »Abbild« eines Gegenstands in einem Erkenntnisorgan namens Verstand oder Hirn, sondern die Folge eines schöpferischen Prozesses, in dem der Erkennende selbst einen Faktor im Systemzusammenhang der zu erkennenden Wirklichkeit darstellt. Der Erkennende kommt also nicht nur im Erkenntnisakt ins Spiel, er »generiert« sozusagen die zu erkennende Wirklichkeit.

Eines der deutlichsten Beispiele für diesen Vorgang ist die so genannte sich selbst erfüllende Prophezeiung: Wenn etwa Meinungsumfragen wochenlang vor einer Wahl den Sieg einer

---

H. R. Maturana und F. J. Varela: Der Baum der Erkenntnis, Bern-München-Wien 1987

P. Watzlawick (Hg.): Die erfundene Wirklichkeit. Wie wissen wir, was wir zu wissen glauben? Beiträge zum Konstruktivismus, München 1981, Tb 1997 (9. Auflage)

H. R. Fischer (Hg.): Die Wirklichkeit des Konstruktivismus. Zur Auseinandersetzung um ein neues Paradigma, Heidelberg 1995 bestimmten Partei öffentlich prognostizieren, kann gerade dies den Sieg überhaupt erst bewirken. Wenn also jemand für eine bestimmte Situation etwas Bestimmtes erwartet, kann diese Erwartungshaltung das Eintreten dieses Ereignisses gerade herbeiführen. Jemand hat beispielsweise trotz intensiven Lernens Angst vor einer Prüfung; die Angst kann dann die Prüfungsleistung so beeinflussen, dass die Prüfung in der Tat nicht bestanden wird.

Dem Beobachter, der (wie in diesen Beispielen) lediglich zu beobachten glaubt, eignet indes ein blinder Fleck, weshalb er nicht beobachten kann, wie er selbst die angeblich bloß beobachtete Wirklichkeit mit bewirkt. Dies wäre allenfalls möglich für einen Beobachter des Beobachters, der dann allerdings seinerseits wiederum einen Beobachter höherer Ordnung benötigte und so fort. Der radikalkonstruktivistische Ansatz geht aber noch einen höchst bedeutsamen Schritt weiter. Er behauptet nämlich nicht nur eine bloße Mitwirkung des erkennenden Subjekts an der Schaffung des zu erkennenden Objekts, sondern geht von so genannten autopoietischen Systemen aus, d. h. von sich ganz und gar selbst organisierenden und entwickelnden Systemen. Das Gehirn ist für Maturana beispielsweise ein funktional geschlossenes System, das eine ihm eigene Sprache entwickelt und versteht. Das heißt in »vorletzter« Konsequenz: Es gibt keine »Außenwelt«, sondern nur eine subjektiv vorgefundene »Innenwelt«, und in letzter Konsequenz lässt sich in konstruktivistischer Perspektive selbst die-

**Über eine sich selbst erfüllende Prophezeiung:** In einem österreichischen Landeskrankenhaus liegt ein schwerkranker Mann im Sterben. Die behandelnden Ärzte haben ihm wahrheitsgemäß mitgeteilt, daß sie seine Krankheit nicht diagnostizieren können, ihm aber wahrscheinlich helfen könnten, wenn sie die Diagnose wüßten. Sie haben ihm ferner gesagt, daß ein berühmter Diagnostiker das Spital in den nächsten Tagen besuchen und vielleicht imstande sein wird, die Krankheit zu erkennen. Ein paar Tage später kommt der Spezialist wirklich an und macht seine Runde. Am Bett des Kranken angekommen, wirft er nur einen flüchtigen Blick auf ihn, murmelt »moribundus«* und geht weiter. Einige Jahre später sucht der Mann den Spezialisten auf und sagt ihm: »Ich wollte Ihnen schon längst für Ihre Diagnose danken. Die Ärzte sagten mir, daß ich Aussicht hätte, mit dem Leben davonzukommen, wenn Sie meine Krankheit diagnostizieren könnten, und im Augenblick, da Sie ›moribundus‹ sagten, wußte ich, daß ich es schaffen werde.«

* *»dem Tode geweiht«*

*Gordon W. Allport*

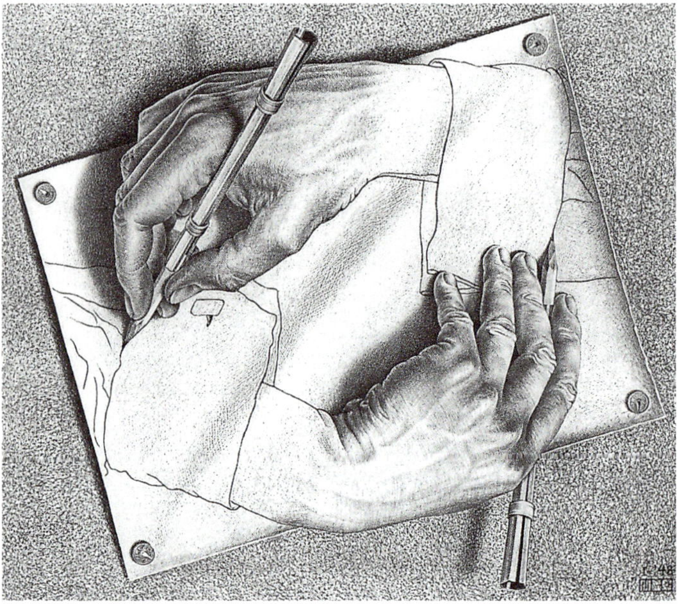

4 Autopoiesis. Die Wirklichkeit erschafft sich selbst. M. C. Escher, ›Zeichnen‹. Lithographie, 1948

ser Satz nicht sinnvoll sagen. Es gibt eben nur eine einzige Welt – die meiner Gedanken. Das »intuitive Alltagsverständnis«, auf das sich an dieser Stelle der Konstruktivimus beruft, wird an anderer Stelle dieses Buches unschwer als die »praktische Vernunft« bei Kant wieder zu erkennen sein. Bei ihm werden wir eine revolutionäre Vorstellung davon kennen lernen, wie die so genannte Subjekt-Objekt-Spaltung zu verstehen und zu überwinden sein könnte.

Was die Dinge an sich sein mögen, weiß ich nicht und brauche es nicht zu wissen, weil mir doch niemals ein Ding anders als in der Erscheinung vorkommen kann.

*Immanuel Kant*

## Die Moral des »guten« Lebens und die Ethik der Pflicht

Wenn es, wie wir gesehen haben, zweifelhaft ist, ob »wahre« Erkenntnisse überhaupt möglich sind, dann ist auch fraglich, ob gelingen kann, was alle Ethik seit Menschengedenken fordert, nämlich Gutes zu tun bzw. gut zu handeln. Denn was ist »das Gute«? Wer kann es bestimmen? Gibt es eine Instanz, die anerkanntermaßen das gute, das richtige, das angemessene, das gerechte Handeln für alle Menschen in allen Situationen zu allen Zeiten definieren kann?

Das höchste Gut, das alle Menschen letztendlich zu erreichen suchen, ist: glücklich zu sein. Was diesem Ziel dient, ist gut, selbst wenn ich dafür Unangenehmes oder zunächst Abträgliches in Kauf nehmen muss. Auch wenn ich bei der Abschätzung dessen, was mir nützt und darum gut für mich ist, die Auswirkungen auf andere wie auch deren Reaktionen darauf – also die Rückwirkungen auf mich und mein Wohlbefinden – mit berücksichtige, bleibt doch mein Glück das höchste Gut. Selbst wenn ich gar nicht mein eigenes Glück, sondern das Glück aller oder das »größtmögliche Glück der größtmöglichen Zahl« von Menschen anstrebe, wie das beispielsweise der Utilitarismus der letzten anderthalb Jahrhunderte propagiert, bleibt die Realisierung dieses Anspruchs etwas, das letztlich meinem Glück dient.

Was nun aber inhaltlich mein Glück ausmacht oder ausmachen würde, kann nur ich selbst wissen oder mir vorstellen oder zumindest erahnen. Ein anderer mag sich da einfühlen können oder umgekehrt sich anmaßen zu bestimmen, was mein Glück zu sein hat: Immer kann nur ich selbst es sein, der bestimmt, worin mein Glück besteht oder bestehen würde, und daher auch, was gut ist (für mich). Natürlich kann ich mich irren, sowohl in dem, was mein Glück ausmacht, als auch darin, was ihm dient. Aber auch diesen Irrtum kann

**Utilitarismus**: Insbesondere in England ausgebildete ethische Lehre, die das Sittliche als das Nützliche versteht (lateinisch *utilis* = nützlich). Sittlich gut ist, was dem menschlichen Wohlbefinden förderlich ist; schlecht ist, was diesem schadet. Danach ist eine Handlung gut, nicht weil sie in sich sittlich ist, sondern weil sie – zumindest der Absicht nach – erfolgreich ist, d. h. brauchbar zur Steigerung des Glücks. Im Unterschied zum Hedonismus nimmt der Utilitarismus nicht die momentan größte Lust zum Maßstab, sondern das größte Glück der gesamten Lebenszeit, und er zieht nicht nur den individuellen Nutzen, sondern auch den einer Gemeinschaft letztlich nur ich selbst erkennen und korrigieren. Dieses ethische Konzept, von dem es vielfältige Variationen gibt, geht wie gesagt vom Inhalt des Glücks und des ihm dienenden Guten aus; und je näher wir die entsprechenden Vorstellungen der Einzelnen anschauen, desto einmaliger und unvergleichbarer werden sie uns vorkommen. Ganz anders stellt sich die Sache dar, wenn man nicht vom einzelnen Menschen und seinem Glücksanspruch ausgeht, sondern vom Konfliktfall, der sich sozusagen an den »Außenwänden« ereignet, wenn die Individuen bei der Verfolgung ihres Glücks aufeinander stoßen.

Im Konfliktfall steht nicht eigentlich zur Disposition, was inhaltlich mein Glück bestimmt und welche Werte darum für mich Gültigkeit haben; im Konfliktfall geht es gerade darum, diese Inhalte weitgehend unberührt zu lassen, also Verfahrens- und Verhaltensregeln zu entwickeln, mittels derer Konflikte reguliert werden könnten, ohne dass einer der Beteiligten den Kern seiner Werte aufgeben müsste.

Der viel zitierte Satz von Rosa Luxemburg »Freiheit ist immer die Freiheit des Andersdenkenden« kann hier als Beispiel dienen. Freiheit wird hier geradezu von ihrer Grenze her definiert: Wie der eine oder der andere Freiheit (und andere Güter) auffassen, bleibt hier ungesagt – Hauptsache, die beiden kommen aneinander vorbei. Die Andersdenkenden lassen untereinander jeweils eigene Vorstellungen von Freiheit gelten, sofern und soweit sie nicht die Abschaffung der Freiheit zum Inhalt haben. Hier betrifft die ethische Frage die Form des Umgangs mit Freiheit und nicht, was Freiheit inhaltlich ausmacht oder ausmachen soll.

Die Frage ist, ob es für die Grundlegung einer Moral reicht, Werte nur von ihren »Rändern« her zu bestimmen, also lediglich formale Regeln des Umgangs festzulegen, wie dies zum Beispiel bei der Goldenen Regel der Fall ist: Was du nicht willst, dass man dir tu, das füg auch keinem andern zu! Diese Regel zielt le-

in Betracht. Die Zielformulierung vom größtmöglichen Glück der größtmöglichen Zahl als Kriterium für gutes Handeln stammt von Jeremy Bentham (1748–1832). Weitere hervorragende Vertreter sind John Stuart Mill (1806–1873) und Auguste Comte (1798–1857). Gegenwärtig sind C. D. Broad und G. Patzig zu nennen.

Handle so, daß du die Menschheit sowohl in deiner Person als in der Person eines jeden anderen jederzeit zugleich als Zweck, niemals bloß als Mittel brauchst.

*Immanuel Kant*

diglich darauf ab, etwas nicht zu tun, setzt aber inhaltlich keine positiven Werte fest: ich weiß immer noch nicht, was ich tun soll.

Einen ähnlichen Vorwurf hat man gegen Kants Kategorischen Imperativ erhoben, obwohl er immerhin eine positive Formulierung benutzte: »Handle nur nach derjenigen Maxime, durch die du zugleich wollen kannst, daß sie ein allgemeines Gesetz werde!« Auch hier wird die Maxime nicht inhaltlich bestimmt, es wird lediglich ein formales Procedere für die Geltung eines Handlungsprinzips gegeben. Genau dies bildet aber die Grundlage des pluralistischen Liberalismus, wie er sich bis heute in den Gesellschaften der westlichen Zivilisation herausgebildet hat: Gemeinsame inhaltliche Werte können vielleicht gefordert, aber nicht verbindlich festgesetzt werden. Die so genannte Wertegemeinschaft der westlichen Welt »garantiert« die Freiheit des Strebens nach dem Glück, offen bleibt aber, worin dieses Glück besteht oder bestehen sollte. Freiheit von Zwang ist ein wichtiges Prinzip des formalen Umgangs, aber das Wozu dieser Freiheit bleibt offen. Wir werden sehen, dass Kant selbst dieses Grundproblem der modernen Ethik deutlich erkannt hat. Gerade deshalb versuchte er, bestimmte Inhalte moralischer Forderungen nicht am persönlichen Wohlergehen der Individuen auszurichten. Allerdings schien ihm auch ein formaler Rahmen von »Verkehrsregeln« nicht ausreichend. Stattdessen machte er sich an das geradezu herkuleische Projekt, einige inhaltlich bestimmte Prinzipien als allgemeingültig auszuweisen, indem er sie in der allen Menschen zugänglichen Vernunft aufdeckte. Dazu war es jedoch zunächst erforderlich, die Struktur dieser allen Menschen gemeinsamen Vernunft zu analysieren.

Bevor wir dieses Projekt nachzeichnen, wollen wir einen Blick auf das Zeitalter der Aufklärung werfen, jene Epoche, die die Geltung von Autoritäten (der transzendenten wie der weltlichen) radikal in Frage stellte und in der Kant sein Denkwerk begann.

---

Freiheit ist eine bloße Idee, die auf keine Weise nach Naturgesetzen, mithin auch nicht in irgendeiner möglichen Erfahrung, dargetan werden kann, die also … niemals begriffen oder auch nur eingesehen werden kann. Sie gilt nur als notwendige Voraussetzung der Vernunft in einem Wesen, das sich eines freien Willens bewußt zu sein glaubt.

*Immanuel Kant*

# Kants geistige Epoche: Das Zeitalter der Aufklärung

## Was ist Aufklärung? Autonomie des Denkens, der Person, der Herrschaft

Aufklärung ist der Ausgang des Menschen aus seiner selbstverschuldeten Unmündigkeit. Unmündigkeit ist das Unvermögen, sich seines Verstandes ohne Leitung eines anderen zu bedienen. Selbstverschuldet ist diese Unmündigkeit, wenn die Ursache derselben nicht am Mangel des Verstandes, sondern der Entschließung und des Mutes liegt, sich seiner ohne Leitung eines andern zu bedienen. Sapere aude! Habe Mut, dich deines eigenen Verstandes zu bedienen! ist also der Wahlspruch der Aufklärung.« (WiA A 481)

Mit diesen lapidaren, berühmt gewordenen Sätzen beginnt Kants kleiner Aufsatz ›Beantwortung der Frage: Was ist Aufklärung?‹ aus dem Jahre 1784. Der heutige Leser mag unter dem Eindruck unserer Kenntnisse über Sozialisation und Manipulationstechniken in der modernen Informationsgesellschaft erhebliche Zweifel haben, ob es lediglich des Mutes und des Entschlusses bedarf, sich seines »eigenen« Verstandes »bedienen« zu können. Wir sind sofort geneigt zu fragen, worin denn etwa dieses »Eigene« bestehen könne, wo doch alles entweder genetisch bedingt oder aber erlernt sei; inwiefern der geforderte Mut überhaupt gewollt werden und wie er überhaupt zustande kommen könne; ob die Vorstellung, der Verstand könne wie ein Instrument gehandhabt werden, angemessen sei etc.

Faulheit und Feigheit sind die Ursachen, warum ein so großer Teil der Menschen, nachdem sie die Natur längst von fremder Leitung losgesprochen, dennoch gern zeitlebens unmündig bleiben und warum es anderen so leicht wird, sich zu deren Vormündern aufzuwerfen. Es ist so bequem, unmündig zu sein.

*Immanuel Kant*

5 Die natürliche Seinsordnung und die moralische Lebensordnung in der vorcartesianischen Renaissance-Philosophie (Bovillus 1510)*

Solche Fragestellungen werden wir aufgreifen; hier jedoch soll zunächst der geistesgeschichtliche Hintergrund skizziert werden, der die Aufklärung ausmacht und vor dem das Werk Kants gleichzeitig als Beendigung einer alten und als Eröffnung einer neuen Ära des Weltverständnisses verstanden werden kann.

Schon im späten 17. Jahrhundert bilden sich in der humanistisch bewegten Renaissance jene Ideen heraus, die dann im Europa des 18. Jahrhunderts vorherrschend werden: Im Licht der Vernunft soll die Geltung von Autorität und Tradition unter-

*Dargestellt sind vier mögliche Seinsweisen: »bloßes Sein (*esse*), ... Leben (*vivere*), darüber Empfinden (*sentire*) und schließlich Erkennen (*intellegere*). In der linken Hälfte werden entsprechende Dinge der Natur zugeordnet: dem bloßen Sein ein Fels (*petra*), dem Leben ein Baum (*arbor*), dem Empfinden ein Pferd (*equus*) und dem Erkennen ein Mensch (*homo*) an der Spitze. Entsprechend wird in der oberen Schriftleiste gemäß der antiken und mittelalterlichen Seelenordnung der Natur das jeweilige Naturreich verzeichnet: das Mineralische, das Vegetabilische, das Empfindungsfähige und das Vernünftige. Sein, Leben, Empfinden und Erkennen sind demnach die Fundamentalkategorien der natürlichen Seinsordnung der Dinge.« *Hans Werner Ingensiep*

6 Galilei Galileo (1564–1642)

sucht werden. Die Autonomie des Denkens befreit aus der Abhängigkeit von einer kirchlich bestimmten Religion; die darin sich verwirklichende Autonomie des Subjekts, des »Trägers« des Denkens, führt zur Auflehnung gegen herrscherliche Willkür. Die Autonomie der Herrschaft nicht länger hinzunehmen bedeutet den Entzug des Gottesgnadentums; man fordert statt dessen nicht nur die Kontrolle, sondern auch Teilhabe an der Macht.

Galileo Galilei und René Descartes können als entscheidende Wegbereiter dieses Denkens gelten, der eine auf naturwissenschaftlichem, der andere auf philosophischem Terrain. Galilei leugnete bekanntlich, angesichts der Drohung der kirchlichen Inquisition, die durch ihn geleistete Überwindung des ptolemäischen Weltbildes, im Vertrauen darauf, dass aufgrund der Nachprüfbarkeit seiner Experimente und der darauf basierenden Schlussfolgerungen jeder, der seinen Verstand »unabhängig« gebrauchen würde, zum gleichen Ergebnis gelange.

Wie Descartes das Französische, so benutzte Galilei das Italienische, also jeder seine moderne Landessprache statt des üblicherweise unter den Gelehrten gebräuchlichen Latein. Galilei: »Ein jeder soll meine Briefe und Abhandlungen lesen können. Viele studieren ohne Neigung, und viele Begabte können nicht studieren, weil sie kein Latein können und sich nun einreden, jene dicken Wälzer ent-

7 René Descartes (1596–1650)

hielten die Wahrheit. Sie sollen wissen, daß die Natur, die ihnen nicht minder als den Gelehrten die Augen gegeben hat, um ihre Werke zu sehen, ihnen auch den Verstand verliehen hat, um sie zu begreifen und fassen zu können.«

Descartes wiederum forderte in seinem ›Discours de la méthode‹ von 1637 den Leser zu einem damals unerhörten Gedankenexperiment auf, nämlich das eigene Denken als vollständig voraussetzungslose Tatsache wahrzunehmen. Zwar kann er selbst diese Linie noch nicht durchhalten, aber der Wille zur Autonomie sowohl des Denkens als auch des Subjekts dieses Denkens ist kaum je so radikal formuliert worden.

Descartes erhob das radikale Zweifeln zum methodischen Prinzip, weil er glaubte, derart zwischen Schein und Sein unterscheiden bzw. zweifelsfreie Gewissheit erlangen zu können. Damit ist die Grundform des Prinzips der Kritik entdeckt, die Fähigkeit, dem Anschein der Phänomene und die zugrunde liegenden Gesetzmäßigkeiten der Natur voneinander zu unterscheiden. Zunächst war es wohl nicht eigentlich eine Methode in unserem heutigen Verständnis, vielmehr eine Grundhaltung, mit der man daran ging, das Reich des Wissbaren zu erschließen. Newtons ›Philosophiae naturalis principia mathematica‹ von 1687 brachte das gesamte bis dahin gültige physikalische Weltbild zum Einsturz, insofern die Natur nun auf mathematische Gesetzmäßigkeiten hin untersucht wurde. Der Verstand des Menschen gilt nun als »Widerschein des unsterblichen Lichts«, in ihm werden die Gesetze der Natur erkennbar.

8 Sir Isaac Newton (1643–1727)

Galt bisher eigentlich nur als wahr, was in der Bibel stand, so wurde jetzt wichtig nachzuweisen, dass die Erkenntnisse, die aus der Verbindung von Beobachtungen und mathematischen Prinzipien herrührten, mit den Aussagen der Bibel zumindest vereinbar seien. Etwa von der Mitte des 18. Jahrhunderts an war die Autonomie der Vernunft in Europa so allgemein anerkannt, dass die ursprüngliche Pflicht, diesen Nachweis zu führen, mehr und mehr in Vergessenheit geriet und letztendlich als obsolet angesehen wurde. Die Trennung der Wissenschaft von der Theologie war definitiv vollzogen.

## Kritik des Dogmatismus: Die Inthronisation des Vernunftgebrauchs und die Ausweglosigkeit des Denkens

Die Naturwissenschaften nahmen einen ungeahnten Aufschwung, und sie differenzierten sich immer weiter aus: Medizin, Biologie, Physiologie, Mineralogie, Geologie, Chemie, Mechanik, Astronomie, Naturgeschichte. Zwischen 1749 und 1789 erschienen die 32 Bände der ›Naturgeschichte‹ des Georges Louis Leclerc, Comte de Buffon (1707–1788), flankiert von einer ungeheuren Zahl vielfältiger einzelwissenschaftlicher Schriften.

Das entscheidende Schlüsselwerk der Epoche der Aufklärung ist jedoch die achtundzwanzigbändige ›Enzyklopädie‹, die von Denis Diderot und Jean-Baptiste le Rond d'Alembert in den Jahren 1751–1772 herausgegeben wurde. Es handelte sich um die kühne Unternehmung, die Gesamtheit aller verfügbaren Kenntnisse, soweit sie auf der Basis der Erfahrungswissenschaft gewonnen worden waren, in einer allgemeinen Systematik darzulegen. So konnte ein umfassendes Weltwissen gegen die kirchliche Orthodoxie und deren absoluten Wahrheitsanspruch entfaltet und in Stellung gebracht werden.

9 Denis Diderot (1713–1784)

10 Jean le Rond d'Alembert (1717–1783)

Insofern die tradierten naturwissenschaftlichen Vorstellungen eng mit theologischen Lehrsätzen verbunden waren, richtete sich die rationale Kritik eben auch gegen diese überkommenen Auffassungen, und die von den christlichen Reformatoren begonnene Loslösung von Rom wurde nun weit radikaler fortgesetzt. An die Stelle der von kirchlichen Gemeinschaften vermittelten Sicherheit und Geborgenheit traten Einsamkeit und Machtbewusstsein des Individuums. Schon bei Luther und erst recht bei Calvin stand der Mensch als Einzelner vor seinem Gott. Ein Jahrhundert später haben sich die Verhältnisse verkehrt: Dem kritischen Zweifler rät Blaise Pascal (1623–1662) zu einer rational kalkulierten Irrationalität – er solle auf die Existenz Gottes wetten (falls sich dies als richtig erweise, habe er ewiges Leben gewonnen, falls nicht, habe er lediglich ein sehr begrenztes Leben vertan).

In jedem Fall hat der »Glaubensakt« nur noch im Individuum seinen eigentlichen Ort. Und in der ›Monadologie‹ des Gottfried Wilhelm Leibniz von 1710 – wiederum fünfzig Jahre nach Pascal – ziehen »fensterlose Monaden«, d.h. als beziehungslos begriffene einzelne Einheiten, ihre einsame Bahn durch den Kosmos: Der Schöpfergott hat – gleichsam durch die Installation eines »kosmischen Fahrplans« – dafür gesorgt, dass Milliarden von Monaden in einer »prästabilierten ([d.h.] im Vorhinein festgelegten) Harmonie« einander nicht stören, wenn

11 Gottfried Wilhelm Leibniz (1646–1716)

sie ihre je eigenen Kreise ziehen; dementsprechend braucht und vermag dieser Gott auch nicht mehr in die Weltläufte einzugreifen.

Mit diesem Konzept, der so genannten Theodizee, hatte Leibniz ein Problem der christlichen Theologen beseitigen wollen, nämlich die Frage, warum Gott das Böse in der Welt zulasse, beispielsweise das Leiden unschuldiger Kinder. Bedeutsamer als seine Lösungsvorschläge solcher Fragen wurde in der Folge jedoch seine Auffassung eines prinzipiell anzusetzenden Subjektivismus, die wir (siehe einleitendes Kapitel) durchaus im zeitgenössischen Radikalen Konstruktivismus wieder finden.

Der Würdigung des kritisch denkenden Ich als autonomer, einzig haltbarer Basis menschlicher Existenz entsprach eine neue Interpretation von Religion und Religiosität, abseits von Kirche, zeremonieller Tradition und orthodoxem Dogma. In England entwickelte David Hume die Idee der Naturreligion, von Diderot in Frankreich 1770 als eine Anschauung gedeutet, auf deren Grundlage sich verschiedenste Religionen »treffen« könnten, wenn von ihren jeweiligen lokalen und historischen Besonderheiten abgesehen würde. Gotthold Ephraim Lessings (1729–1781) Drama ›Nathan der Weise‹ von 1779 thematisiert das Zusammentreffen von Judentum, Christentum und Islam paradigmatisch und macht das Prinzip der religiösen Toleranz am sinnlich fassbaren Beispiel populär.

Der Anspruch der Vernunft, dass sich jedes Weltbild rational beurteilen

12 David Hume (1711–1776)

lassen müsse, zieht also keineswegs die Abschaffung von Religiosität überhaupt nach sich. Im Gegenteil: Religiosität wird als eine Grunddimension menschlicher Existenz entdeckt, die sich nicht mit der Zugehörigkeit zu einer verfassten Religion gleichsetzen lässt. Nicht die Abhängigkeit von Gott wird verworfen, sondern die mangelnde Souveränität des Einzelnen im Rahmen von Institutionen, die diese Abhängigkeit pflegen, formieren, sanktionieren und damit den eigenen Machtanspruch stützen.

13 Gotthold Ephraim Lessing (1729–1781)

François Marie Arouet (1694–1778), unter dem Namen Voltaire wohl der prägnanteste und einflussreichste Rhetoriker der Aufklärung, formulierte sogar: »Wenn Gott nicht existierte, müsste man ihn erfinden; aber die ganze Natur ruft uns zu, daß er existiert.« Gleichzeitig zeigt aber der Anspruch der Vernunft, dass der Mensch sich selbst nicht genügen kann, dann nämlich, wenn er sich der Frage nach dem letzten Woher und Wohin nicht mit dem Hinweis auf die immer nur ausschnitthaft vorliegende Wirklichkeit entzieht. Analyse und kritisches Durchleuchten (»Aufklären«) führen zu enormen Erfolgen bei der Untersuchung von faktisch Gegebenem, bei der Erfassung eines letzten Grundes unserer Existenz jedoch in eine Sackgasse, aus der das Denken allein keinen Ausweg zu finden scheint.

**Über den Gläubigen**: Er sei »ein Mensch, der fest von der Existenz eines ebenso guten wie mächtigen höheren Wesens, das alle Dinge gestaltet hat, überzeugt ist ... Durch diese Überzeugung von neuem mit der Welt vereint, schließt er sich keiner der Sekten an, die alle einander widersprechen. Seine Religion ist die älteste und verbreitetste, denn die schlichte Verehrung Gottes ist allen Lehrgebäuden der Welt vorangegangen. Er redet die Sprache, die alle Menschen verstehen können, während sie sich gegenseitig nicht verstehen ... Er glaubt, daß Religion weder in den Anschauungen einer unverständlichen Metaphysik noch in eitlen Schaustellungen besteht, sondern in Gottesverehrung und in Gerechtigkeit. Tue das Gute, das ist seine Religionsübung; sich Gott ergeben, seine Lehre.« *Voltaire*

## Kritik des Absolutismus: Der Absolutismus in Kirche und Staat – Die Französische Revolution – Die Erklärung der Menschenrechte – Preußen: Die aufgeklärte Monarchie

Der Kritik des Dogmatismus auf der philosophischen Ebene entspricht auf der politischen Ebene die Neuordnung der überkommenen, weithin feudalen Herrschaftsstrukturen, die sich allerdings ebenso über mehrere Jahrhunderte erstreckt. Das Bündnis von »Thron und Altar«, also zwischen Kaiser und Papst, das den politischen Gehalt des gesamten Mittelalters ausgemacht hatte, war durch die Reformation längst entscheidend geschwächt worden. Im Westfälischen Frieden von 1648, der die Mitteleuropa verwüstenden Religionskriege beendete, war gemäß dem Grundsatz *»cuius regio eius religio«* verfahren worden. Demnach bestimmte weder die jeweilige Religionsgemeinschaft noch der Einzelne, sondern der jeweilige Machthaber der Region über die Konfessionszugehörigkeit seiner Untertanen.

Die Entwicklung und konsequente Anwendung dieses Prinzips verdeutlicht den Machtverlust der Kirchen im politischen Raum, gleichzeitig aber auch den fortbestehenden Anspruch der staatlichen Macht auf uneingeschränkte Souveränität, die man durch das »Gottesgnadentum« legitimiert gesehen hatte.

14 Adolf Menzel, ›Tafelrunde in Sanssouci‹, 1848. Um den Tisch sitzen Friedrich II., Militärs und Männer des Geistes; neben dem König Voltaire.

Diese Legitimationsbasis war nun nicht mehr haltbar. Eine neue rechtliche Grundlage für die Herrschaft des Fürsten lieferte der Engländer Thomas Hobbes mit seiner Lehre vom Gesellschaftsvertrag, den die vielen vereinzelten Individuen aus Furcht voreinander miteinander abschließen. So übertragen sie ihren individuellen Herrschaftsanspruch auf eine Zentralinstanz, den Staat, seinerseits repräsentiert durch den jeweiligen Herrscher.

15 John Locke (1632–1704)

Hobbes' Landsmann John Locke erweiterte diesen Ansatz durch seine Überlegungen zur Gewaltenteilung: Die Souveränität der Einzelnen darf nicht vollständig auf den Herrscher übertragen werden; vielmehr ist dessen Machtausübung durch ein Parlament zu kontrollieren und daher keineswegs mehr absolut. Der Franzose Charles de Secondat, Baron de la Brède et de Montesquieu (1689–1755) plädierte dafür, dem entsprechenden Machtgefüge die richterliche, die so genannte dritte Gewalt auszugliedern. Seiner Auffassung nach sind die gesetzgebende, die ausführende und die richterliche Gewalt als voneinander unabhängige zu institutionalisieren und als im Gleichgewicht zueinander stehende zu begreifen. Überdies

16 Thomas Hobbes (1588–1679)

Der alleinige Weg zur Errichtung einer solchen allgemeinen Gewalt, die in der Lage ist, die Menschen vor dem Angriff Fremder und vor gegenseitigen Übergriffen zu schützen und ihnen dadurch eine solche Sicherheit zu verschaffen, daß sie sich durch eigenen Fleiß und von den Früchten der Erde ernähren und zufrieden leben können, liegt in der Übertragung ihrer gesamten Macht und Stärke auf einen Menschen oder eine Versammlung von Menschen, die ihre Einzelwillen durch Stimmenmehrheit auf einen Willen reduzieren können. Das heißt soviel wie einen Menschen oder eine Ver-

17 Jean-Jacques Rousseau (1712–1778)

müssten sich alle Staatsorgane, der Herrscher ebenso wie die Regierten, an die Gesetze halten; nur so könne eine Willkürherrschaft vermieden werden. Jean-Jacques Rousseau entwickelte die Idee eines allen Menschen gemeinsamen natürlichen Gemeinwillens. Es war die Geburtsstunde des Rechtsstaates, und aus Untertanen wurden Staatsbürger.

Dass dies in der politischen Philosophie gedacht werden konnte, lag aber nicht zuletzt daran, dass es den Bürger längst schon gab. Neue Wirtschaftsformen wie der Merkantilismus führten zum Wohlstand nichtadliger Schichten. Um ihren Besitz sinnvoll mehren zu können, strebten die reichen Bürgerfamilien ebenso wie die Zünfte nach Teilhabe an der politischen Herrschaft. Der Entmachtung des Klerus durch den Adel folgte somit die Entmachtung des Adels durch den Bürger. Politisch-praktisch fand dieser Vorgang in der Französischen Revolution von 1789 seinen wirksamsten Ausdruck – auch wenn diese Wirkung zeitweilig durch das Napoleonische Kaiserreich gehemmt werden sollte.

Die ›Erklärung der Rechte des Menschen und Bürgers‹ von 1789, deren Vorläufer die englische ›Bill of Rights‹ von 1689 und die amerikanische Erklärung der Grundrechte von Virginia im Jahr 1776 waren, spricht von »natürlichen, unveräußerlichen und geheiligten Menschenrechten«: »Die Menschen wer-

sammlung von Menschen bestimmen, die deren Person verkörpern sollen, und bedeutet, daß jedermann alles als eigen anerkennt, was derjenige, der auf diese Weise seine Person verkörpert, in Dingen des allgemeinen Friedens und der allgemeinen Sicherheit tun oder veranlassen wird, und sich selbst als Autor alles dessen bekennt und dabei den eigenen Willen und das eigene Urteil seinem Willen und Urteil unterwirft ... Es ist eine Einheit aller in ein und derselben Person, die durch Vertrag eines jeden mit jedem zustande kam ... Ist dies geschehen, so nennt man diese zu einer Person vereinte Menge Staat.

*Thomas Hobbes, ›Leviathan‹*

den frei und gleich an Rechten geboren und bleiben es. ...« (§ 1). Diese Rechte sind nach § 2 »die Freiheit, das Eigentum, die Sicherheit, der Widerstand gegen Unterdrükkung«, während die Erhaltung dieser unabdingbaren Menschenrechte den Zweck »aller politischen Vereinigung« darstelle. Diese sind strikt als Individualrechte konzipiert. In § 4 der Erklärung heißt es: »Die Freiheit besteht darin, alles tun zu können, was einem andern nicht schadet. Also hat die Ausübung der natürlichen Rechte jedes Menschen keine Grenzen als jene, die den übrigen Gliedern der Gesellschaft den Genuß dieser nämlichen Rechte sichern. Diese Grenzen können nur durch das Gesetz bestimmt werden.« Das Gesetz wiederum ist der »Ausdruck des allgemeinen Willens«, und »alle Staatsbürger sind befugt, zur Feststellung desselben persönlich oder durch ihre Repräsentanten mitzuwirken« (§ 6).

**1790** Die französische Verfassung macht die Ausübung des aktiven Bürgerrechts von der Zahlung einer direkten Steuer abhängig. Wahlmänner wählen die Volksvertreter für zwei Jahre. Richter, Geheimbeamte und Geistliche werden von den »Aktivbürgern« gewählt. Adel, Titel, Wappen und Livree werden abgeschafft. Departements und Gemeinden erhalten Selbstverwaltung; die Königsgewalt wird aufgehoben, das Kirchengut eingezogen. – Politische Ausschüsse (Klubs) werden gebildet: Die Jakobiner unter Robespierre, die Cordeliers unter Danton und Marat und die Feuillants unter Lafayette und Bailly.

**1791** Auflösung der Nationalversammlung auf Antrag Robespierres. Wahl der Gesetzgebenden Versammlung. – Erklärung der verfassungsmäßigen Grundrechte in der ›Bill of Rights‹ in den USA.

**1792** Sturm auf die Tuilerien: Gefangennahme Ludwigs XVI. Der Nationalkonvent ruft die Republik aus. Der französische Arzt Guillotin erfindet die Guillotine. Georges Danton (1759–1794) befiehlt Massenverhaftungen und Hinrichtung von über 1500 Personen.

**1793** Hinrichtung Ludwigs XVI. und seiner Gemahlin Marie Antoinette. Einsetzung des Revolutionstribunals und des Wohlfahrtsausschusses; Massenverhaftungen. Marat wird ermordet, Danton von Robespierre verdrängt. Die jakobinische Schreckensherrschaft fordert täglich etwa 30 Todesopfer. – Aufstand der Weber in Schlesien.

**1794** Robespierre, Danton und 20 weitere Revolutionsführer werden auf Anordnung des Konvents guillotiniert. Das Preußische Allgemeine Landrecht tritt in Kraft.

Die Neuordnung der Herrschaftsverhältnisse hat dazu geführt, dass nun alle Machtbefugnis aus der als ursprünglich begriffenen Souveränität des Volkes abgeleitet wird. Herrschaft im Namen des Volkes darf jedoch nur zum Zwecke der Grenzziehung zwischen den Interessen der Staatsbürger und ihrer Freiheit ausgeübt werden. Gleiches Recht für alle, beispielsweise gleiche Zulassungschancen zu öffentlichen Ämtern und Würden, gilt seither als programmatisches Leitbild, auf das hin man jedes demokratische Gemeinwesen zu organisieren sucht.

So weit war man – was die politische Verfassung der Gesellschaft selbst wie auch die theoretische Durchdringung der Verhältnisse anbelangte – in Preußen freilich noch nicht. Hier zog König Friedrich der Große viele hervorragende in- und ausländische Gelehrte und Künstler an seinen Hof. Voltaire verbrachte in Potsdam zwei Jahre beim »Philosophen von Sanssouci«. In seinen philosophischen Schriften wie in seiner Regierungspraxis – einem »aufgeklärten Absolutismus« – verband Friedrich das Ethos unbedingter Pflichterfüllung mit Toleranz auf religiösem und kulturpolitischem Feld. In letzterer Hinsicht ging sein »Reskript« von 1740 sogar über die späteren Forderungen der Französischen Revolution hinaus: »Die Religionen müssen alle toleriert werden, und muß der Fiscal (Staat) nur das Auge darauf haben, daß keine der anderen Abbruch tue; denn hier muß ein jeder nach seiner Façon selig werden.« Allerdings schlugen sich darin nicht nur laute-

re philosophische Absichten nieder, der Wille zur Stärkung der preußischen Monarchie war ein entscheidendes Motiv. Das Ideal der Toleranz eignet sich gemäß dem Grundsatz »Teile und herrsche!« vorzüglich zur Stabilisierung der Herrschaft.

19 Friedrich der Große (1712–1786)

Im Übrigen wurden in Preußen die Meinungs-, Rede- und Lehrfreiheit garantiert. Wie wir noch sehen werden, kam dies nicht nur führenden Geistern der Aufklärung wie Christian Wolff (1679–1754), Moses Mendelssohn (1729–1786), Friedrich Nicolai (1733–1811) und dem bereits genannten Lessing, sondern auch Kant in seiner Königsberger Abgeschiedenheit zugute.

Im aufgeklärten Absolutismus Preußens sollte vom Monarchen bis zum kleinsten Beamten alles für das Volk, aber nichts durch das Volk geleistet werden. Der Fürst sei der erste Diener des Staates, meinte Friedrich, während Ludwig XIV. der Meinung war: »L'Etat c'est moi.« Diese Dienst- und Pflichtauffassung nebst der dazugehörigen Disziplin bildete eine tragende Säule des preußischen Staates. Sein Monarch war sicher ein aufgeklärter, nichtsdestoweniger im absolutistischen Denken befangener Herrscher. Angesichts mancher brieflicher Äußerungen Kants lässt sich vermuten, dass hier wohl der tiefere Grund lag, weshalb der berühmteste Philosoph Europas einer Begegnung mit seinem philosophierenden Regenten so beharrlich auswich.

◀ 18 Kant fasste die Hinrichtung Ludwigs XVI. am 21. Januar 1793 als großes Unrecht auf.

# Kants Lebensweg
# Das Umfeld seines Philosophierens

## Der Lernende: Kindheit und Jugend – Schüler und Student

Am 22. April 1724 wurde Immanuel Kant als viertes von elf Kindern des Riemermeisters Johann Georg Kant und seiner Frau Anna Regina in einer Vorstadt von Königsberg (heute Kaliningrad) geboren, das im selben Jahr aus den drei Städten Altstadt, Löbenicht und Kneiphof zusammengefasst und von Friedrich Wilhelm I. zur Hauptstadt von Ostpreußen erhoben wurde. Die Stadt mit ihrem internationalen Handelshafen und ihrer renommierten, bereits 1544 gegründeten Universität nahm einen mächtigen Aufschwung als wirtschaftliches wie als geistiges Zentrum in der damaligen nördlichen Grenzregion des deutschen Sprachraums. Die Handwerkerfamilie Cant (wie der Vater sich noch schrieb) lebte zwar in kleinen, aber doch auskömmlichen Verhältnissen. Von Immanuels Geschwistern erreichten nur drei Mädchen und sein Bruder Johann Heinrich ein höheres Alter. Im Übrigen pflegte Kant zeit seines Lebens nur höchst spärliche verwandtschaftliche Kontakte.

20 Ansicht von Königsberg. Aquarell, um 1810

Die von ihm selbst in einem seiner Briefe geäußerte Ansicht, dass sein Großvater aus Schottland eingewandert sei, wird inzwischen von der biographischen Forschung angezweifelt. Der Vater kam aus Memel, der Großvater lebte im litauischen Tilsit, und der Urgroßvater Richard war kurländischer Herkunft. Die Mutter war gebürtige Königsbergerin, ihre mütterliche Linie hingegen stammte aus dem süddeutschen Raum.

Die Mutter war es auch, die sich im Pietismus zu Hause fühlte und von hier nicht nur ihre echte Frömmigkeit, sondern in wachsendem Maß auch eine gewisse literarische Bildung bezog. Als besondere Aufgabe erschien ihr die Erziehung ihrer Kinder im Geiste des Pietismus, der im 17. Jahrhundert als reformerische Bewegung innerhalb des deutschen Protestantismus entstanden war und insbesondere die grundlegende Bedeutung eines echten religiösen Gefühls gegenüber bloßer Buchstabengetreulichkeit und Zeremoniengenauigkeit herausstellte.

Anna Regina Kant findet Zugang zu dem Prediger und Konsistorialrat Franz Albert Schultz (1692–1763), später Professor der Theologie an der Albertina, der Königsberger Universität, sowie Direktor des Collegium Fridericianum, des pietistischen Gymnasiums. Schultz wiederum, aus Halle, einer Hochburg des Pietismus, stammend, war ein angesehener Schüler von Christian Wolff, dem bereits erwähnten bedeutenden Philosophen der deutschen Aufklärung. Schultz erkannte offensichtlich früh die herausragende Begabung des jungen Immanuel und nahm den Jungen, der bis dahin (1730–1732) die Vorstädter Hospitalschule besucht hatte, im Alter von acht Jahren in sein Friedsrichskolleg auf, wo er ihn diskret auch finanziell unterstützte.

Von einer spezifisch philosophischen Förderung des jungen Kant durch den Wolff-Schüler Schultz oder einen anderen

**Kant über seine Mutter:** Nie werde ich meine Mutter vergessen, denn sie pflanzte und nährte zuerst den Keim des Guten in mir, sie öffnete mein Herz den Eindrücken der Natur, sie weckte und erweiterte meine Begriffe, und ihre Lehren haben einen immerwährenden heilsamen Einfluß auf mein Leben gehabt.

21 Immanuel Kant. Gemälde von Johann Gottlieb Becker, um 1775

Lehrer wissen wir nichts. Das Institut hatte sich seit seiner Gründung im Jahr 1698, und gerade auch unter dem Direktorat von Schultz, zwar weniger auf mathematisch-naturwissenschaftlichem Gebiet, wohl aber auf dem Feld der klassischen Philologie und insbesondere der Pädagogik einen guten Namen erarbeitet. Doch mehr als eine ordentliche Allgemeinbildung als Vorbereitung zum Studium an einer Universität hat der junge Kant hier wohl nicht erhalten.

Immerhin hat er das hierfür damals unerlässliche Latein so fehlerfrei und gewandt beherrscht, dass man in seinen ersten Schriften sogar gewisse Eigenheiten lateinischer Stilistik nachweisen konnte. Sein Lateinlehrer Heydenreich überzeugte offenkundig nicht nur durch gut vermitteltes Sachwissen, sondern auch kraft seiner Persönlichkeit vermochte er den Schülern die alten Texte doch durch ungewöhnliche und eigenständige Deutungen nahe zu bringen. Die intensive Bekanntschaft mit den antiken Schriften, und darunter insbesondere mit ›De rerum natura‹ (›Über die Natur‹) von Lukrez, ließ Kant zeitweilig daran denken, gemeinsam mit seinen Mitschülern Martin Cunde und David Ruhnken Altphilologe zu werden – ein Vorhaben, das übrigens der Letztere später mit einigem Erfolg bis hin zur Professur an der Universität Leyden in die Tat umsetzte.

**Pietismus** (von lateinisch *pietas* = Frömmigkeit): Eine im 17. Jahrhundert aufkommende religiöse Bewegung im Protestantismus, als deren Gründer P. J. Spener (1635–1705) gilt. Der Pietismus setzte dem kritisierten kirchlichen Formalismus die Liebesgemeinschaft der Glaubenden entgegen. In ihr sollte die echte religiöse Persönlichkeit reifen, die Glauben mit Frömmigkeit, Gehorsam und Tugendstreben verbindet.

Obwohl das Friedrichskolleg zur damaligen Zeit durchaus als pädagogisch fortschrittliches und modernes Institut galt, hat Kant in seinem späteren Leben einige Male sehr hart über die dort gepflegten Erziehungsmethoden geurteilt, besonders über den religiösen Zwang, dem die Schüler unterworfen wurden. Jeder Tag begann mit einer langen Andacht, jede Unterrichtsstunde wurde mit einem Gebet begonnen und beendet; auch außerhalb des Unterrichts gab es religiöse Unterweisungen zuhauf, so dass Kant später jede Form von Gebet und Gottesdienst aufgab und sich »mit Schrecken und Bangigkeit« an diese »Jugendsklaverei« erinnerte.

Kant war fast während seiner gesamten Schulzeit Klassenbester gewesen. Das letzte Jahr am Friedrichskolleg hatte er als Zweiter abgeschlossen. Trotzdem musste er zunächst die übliche Aufnahmeprüfung absolvieren, ehe er sich, sechzehnjährig, im Jahr 1740 – dem Jahr der Thronbesteigung Friedrichs des Großen – an der Universität seiner Heimatstadt immatrikulieren konnte. Mit Privatstunden verdiente er sich seinen Lebensunterhalt und bezog mit seinem Freund Wlömer eine bescheidene Unterkunft. Von einem umtriebigen Studentenleben konnte schon aus Geldmangel keine Rede sein. Das Billardspiel, in dem er recht erfolgreich war und dem er sich mit seinen Freunden Wlömer und Hilsberg ausgiebig widmete, bildete die einzige Zerstreuung seiner Studienjahre.

Das Studium der Theologie, das von seiner bereits drei Jahre (1737 – Immanuel war 13 Jahre alt) zuvor verstorbenen Mutter und ebenso von seinem Förderer Schultz gewünscht worden war, hat Kant nicht aufgenommen. Stattdessen tat er sich in jenen Fächern um, die am Collegium Fridericianum stiefmütterlich behandelt worden waren: Mathematik und die Naturwissenschaften, auch Philosophie, obwohl in den ersten Studiensemestern noch immer keine besonders ausgeprägte

---

**1740** Abschaffung der Folter in Preußen. – Emanuel Swedenborg (1688–1772), schwedischer Wissenschaftler und Theosoph, verfasst sein Werk ›Die Verehrung und die Liebe Gottes‹, das in ganz Europa und in Nordamerika Furore macht. Kant veröffentlicht im Jahr 1766 gegen Swedenborg die Schrift ›Träume eines Geistersehers, erläutert durch Träume der Metaphysik‹.

**1744** Anders Celsius (1701–1744), schwedischer Astronom, führt die nach ihm benannte Thermometerskala ein. Balthasar Neumann (1687–1753) erbaut die Würzburger Residenz, die Tiepolo ausmalt.

22 Die Universität von Königsberg: Palaestra Albertina (Foto, 1906)

Neigung Kants zu diesem ihn später ganz und gar fordernden Arbeitsgebiet festzustellen ist.

Wie an seinem früheren Gymnasium war es auch an der Albertina eine außerordentliche Persönlichkeit, die den jungen Kant am nachhaltigsten beeindruckt und beeinflusst hat, nämlich der lediglich ein Jahrzehnt ältere Martin Knutzen (1713–1751), der bereits mit 21 Jahren außerordentlicher Professor für Logik und Metaphysik geworden war. Knutzen war ebenfalls ein Schüler Christian Wolffs und unternahm den Versuch, pietistisches Gedankengut in das starre und eher dogmatische Lehrgebäude Wolffscher Schulphilosophie einzuarbeiten. Auch den Hinweis auf die Physik Isaac Newtons verdankt Kant diesem vielseitig begabten Gelehrten.

Vor allem aber war es wohl das Vorbild Knutzens, seine Art der zurückgezogenen, intensiven Arbeit als wissenschaft-

23 Königsberg, um 1750

licher Forscher und Lehrer, die den jungen Kant bewog, einen solchen Lebensentwurf auch für sich selbst zu wählen. 1746 starb sein Vater, und wenn dieser auch das Studium seines Sohnes nur geringfügig hatte unterstützen können, musste Kant sich nun doch nach einer vollwertigen Verdienstmöglichkeit umsehen. Er tat das zur damaligen Zeit in einer solchen Situation Übliche: er wurde Hauslehrer.

Von einem Abschlussexamen nach der sechsjährigen Studienzeit ist nichts belegt. Stattdessen schreibt er seine erste Abhandlung ›Gedanken von der wahren Schätzung der lebendigen Kräfte‹, worin er in »eine der größten Spaltungen, die jetzo unter den Geometern in Europa herrscht«, mit einer Kompromisslösung eingreift, mit der der zweiundzwanzigjährige Kant jedoch noch zu kurz greift. Es geht um die Berechnung der Kraft aus Masse und Geschwindigkeit, die von den Anhängern des Leibnizschen Denkansatzes anders angestellt wird als von den Anhängern Descartes'. Die von d'Alembert bereits 1743 veröffentlichte richtige Lösung bleibt in Kants Schrift übrigens unberücksichtigt.

Immerhin hatte Kant seine Abhandlung sehr selbstbewusst eingeleitet: »Ich habe mir die Bahn schon vorgezeichnet, die ich halten will. Ich werde meinen Lauf antreten, und nichts soll mich hindern, ihn fortzusetzen.« Wir werden sehen: Hindernisse gab es noch viele, und die größte Überraschung bereitete er sich selbst.

## Der Lehrende: Hauslehrer, Privatdozent, Professor

Wenn jemand nicht vermögend war und sich doch auf eine akademische Laufbahn vorbereiten wollte, war es zur damaligen Zeit gang und gäbe, sich als Hauslehrer bzw. »Hofmeister« –

Lessings berühmter Spottvers auf Kant und dessen erste Abhandlung ›Gedanken von der wahren Schätzung der lebendigen Kräfte‹:

> Kant unternimmt ein schwer Geschäfte,
> der Welt zum Unterricht,
> er schätzet die lebend'gen Kräfte,
> nur seine schätzt er nicht.

wie sich das damals nannte – zu verdingen. Kant tat das ganze neun Jahre lang, in drei verschiedenen adeligen Familien in der näheren Umgebung Königsbergs. Neben der Wissensvermittlung in sämtlichen Fächern war es Aufgabe des Hofmeisters, die Persönlichkeitsbildung der Kinder günstig zu beeinflussen – ein Aspekt seiner Tätigkeit, für den sich Kant zumindest im Nachhinein als nicht so recht begabt einschätzte. Es habe wohl kaum jemals einen schlechteren Hofmeister mit besseren Grundsätzen gegeben, meinte er selbstkritisch.

Auf jeden Fall hat er für sich selbst, insbesondere bei seiner dritten Stelle beim Grafen Keyserling, die Gelegenheit genutzt, sich im gesellschaftlichen Umgang auszubilden. Darin hat er es denn auch – wie viele Zeitzeugen berichten – zu einer ganz und gar unprovinziellen, geradezu weltläufigen Gewandtheit gebracht, die er im weltoffenen gesellschaftlichen Leben Königsbergs noch lange Jahrzehnte kultivierte.

Über die wissenschaftlichen Studien, die er für sich in diesem Jahrzehnt stiller Abgeschiedenheit betrieb, gibt es keine Zeugnisse; sie müssen aber profund und weit verzweigt gewesen sein, denn im Jahre 1755, als er seine Hauslehrertätigkeit beendete, publizierte Kant drei große Abhandlungen. In der im März 1755 anonym erschienenen ›Allgemeinen Naturgeschichte und Theorie des Himmels‹ lieferte er eine Theorie der Entstehung des Kosmos, speziell des Planetensystems, die dann zu wichtigen Teilen durch den Astronomen Friedrich Wilhelm Herschel (1738–1822) empirisch bestätigt wurde. Mit einigen Korrekturen durch die 1796 erschienene Weltentstehungshypothese von Pierre Simon de Laplace versehen, bildete die Kant-Laplacesche Theorie für das ganze 19. Jahrhundert die theoretische Basis der Astronomie.

Mit der in Latein abgefassten Abhandlung ›Über das Feuer‹ wurde Kant am 12. Juni 1755 promoviert. Schon am 27. Sep-

24 Marquis Pierre Simon de Laplace (1749–1827)

tember desselben Jahres verteidigt er öffentlich seine ebenfalls in Latein verfasste Habilitationsschrift ›Neue Erhellung der ersten Grundsätze der metaphysischen Erkenntnis‹, womit er Privatdozent für Philosophie an der Universität Königsberg wird. Um jedoch für eine Professur vorgeschlagen werden zu können, muss der Bewerber nach einem königlichen Dekret von 1749 mindestens dreimal eine gedruckte Schrift öffentlich verteidigt haben, und so veröffentlicht Kant im April 1756 die Abhandlung ›Über die physische Monadologie‹. Im gleichen Jahr erscheint zudem seine Arbeit ›Neue Anmerkungen zur Erläuterung der Theorie der Winde‹.

25 Kant-Bronzestatuette (1848–1855) von Christian Daniel Rauch

Nach der langen Zeit des zurückgezogen betriebenen Selbststudiums sprudelt Kants Produktion ersichtlich, und sie bringt ihm in den öffentlichen Disputationen, die von vielen gelehrten und hoch angesehenen Persönlichkeiten Königsbergs besucht werden, große Reputation ein. Der für Kant wichtigste Schritt jedoch misslingt: Er bewirbt sich um das seit dem frühen Tod des damals gerade erst siebenunddreißigjährigen Martin Knutzen 1751 fünf

**1755** Moses Mendelssohn (1729–1786) unterstützt in Preußen die Emanzipation der Juden.
**1756** Vertrag von Westminster: William Pitt schließt mit Preußen ein gegenseitiges Schutzabkommen; Preußen übernimmt die Rückendeckung Hannovers, England den Schutz Preußens vor Russland. – Beginn des Siebenjährigen Krieges (bis 1763)
**1759** Georg Friedrich Händel (1685–1759), deutscher Komponist und Operndirektor, stirbt in London. – Joseph Haydn (1732– 1809), österreichischer Komponist, führt seine 1. Sinfonie auf. –

Jahre lang vakante Extraordinariat für Logik und Metaphysik. Aber – es ist das erste Jahr des Siebenjährigen Krieges – die preußische Regierung setzt die Wiederbesetzung der außerordentlichen Professuren aus.

1758 wurde dann die ordentliche Professur für Logik und Metaphysik frei, und wieder bewarb sich Kant, aber statt seiner wurde F.J. Buck, einem älteren Kollegen, der Vorzug gegeben. Im Jahr 1764 wurde Kant die Professur für Dichtkunst angeboten, zu deren Obliegenheiten auch das Verfassen von Gelegenheitsgedichten zu akademischen und sonstigen gesellschaftlichen Anlässen sowie von Grußbotschaften an den König in Potsdam gehörte. Es verwundert kaum, dass Kant hier seinerseits ablehnte. So bekam er erst 1766, als Zweiundvierzigjähriger, seine erste (gering) besoldete Stelle, nämlich die eines Unterbibliothekars in der Königlichen Schlossbibliothek.

Bis dahin – also immerhin mehr als 10 Jahre lang – hatte Kant als magister legens ausschließlich von den Vorlesungsgebühren gelebt. Durchschnittlich 16, mitunter auch weit mehr als 20 Wochenstunden unterrichtet Kant an der Universität, und der Kanon der Fächer, die er zu vertreten hat, ist gemäß den Gepflogenheiten der Zeit weit gespannt: Logik, Metaphysik, natürliche Theologie, Moralphilosophie, Pädagogik, Mathematik, Naturlehre, Naturrecht, Anthropologie, physische Geografie, Mineralogie, Mechanik, sogar Pyrotechnik. Es ist verständlich, dass neben der Vorbereitung der Vorlesungen für lange Jahre keine Zeit mehr bleibt für Veröffentlichungen von Belang.

Kants Vorlesungen finden sehr bald großen Zulauf. Sein Vortragsstil ist gewandt, geradezu elegant, fantasievoll und randvoll mit gelungenen Beispielen und Anekdoten gespickt. Kant pflegt – wie einer seiner Studenten und ersten Biografen schreibt – den »freien Diskurs, mit Witz und Laune gewürzt. Oft Zitate und Hinweisungen zu Schriften, die er eben gelesen

**1759** Friedrich von Schiller (1759–1805) wird geboren.

**1762** Jean-Jacques Rousseau veröffentlicht seinen ›Contrat social‹.

**1763** Das Generallandschulreglement in Preußen verpflichtet Eltern, Vormünder und Herrschaften, die Kinder vom fünften bis zum dreizehnten Lebensjahr zur Schule zu schicken. Gründung von Volksschulen und Lehrerseminaren hatte, bisweilen Anekdoten, die aber immer zur Sache gehörten«. Johann Gottfried Herder, später selbst ein bedeutender Dichter und Philosoph und auch durchaus einer der ersten wichtigen Kant-Kritiker, war in seinen Studienjahren ebenfalls begeisterter Zuhörer des jungen Privatdozenten: »Er in seinen blühendsten Jahren hatte die fröhliche Munterkeit eines Jünglings, die, wie ich glaube, ihn auch in sein greisestes Alter begleitet. Seine offene, zum Denken gebaute Stirn war ein Sitz unzerstörbarer Heiterkeit und Freude; die gedankenreichste Rede floß von seinen Lippen; Scherz und Witz und Laune standen ihm zu Gebot, und sein lehrender Vortrag war der unterhaltendste Umgang … Er munterte auf und zwang angenehm zum Selbstdenken; Despotismus war seinem Gemüt fremde. Dieser Mann, den ich mit größester Dankbarkeit und Hochachtung nenne, ist Immanuel Kant; sein Bild steht angenehm vor mir.«

26 Johann Gottfried Herder (1744–1803)

Nicht eigentlich Philosophie, sondern Philosophieren will Kant lehren. Darin scheint er so fesselnd und begeisternd gewesen zu sein, dass ihn – wie ein anderer Zeitgenosse berichtet – seine Zuhörerschaft »fast vergöttert«. Im Jahre 1770 endlich, mit 46 Jahren, kommt auch die formelle Anerkennung als

Ich meinesteils sitze täglich vor dem Amboß meines Lehrpults und führe den schweren Hammer sich selbst ähnlicher Vorlesungen in einerlei Takte fort. Bisweilen reizt mich irgendwo eine Neigung edlerer Art, mich über diese enge Sphäre etwas auszudehnen, allein der Mangel, mit ungestümer Stimme sogleich gegenwärtig mich anzufallen und immer wahrhaftig in seinen Drohungen, treibt mich ohne Verzug zur schweren Arbeit zurück … Gleichwohl vor den Ort, wo ich mich befinde, und die kleine Aussichten des Überflusses, die ich mir erlaube, befriedige ich mich endlich mit dem Beifalle, womit man mich begünstigt, und mit den Vorteilen, die ich daraus ziehe, und träume mein Leben durch.

*An J. G. Lindner, 28. Oktober 1759*

*Brief des preußischen Kultusministers Karl Abraham Freiherr von Zedlitz an Immanuel Kant*

Ich höre jetzt ein Kollegium über die physische Geographie bei Ihnen, mein lieber Herr P. Kant, und das wenigste, was ich tun kann, ist wohl, daß ich Ihnen meinen Dank dafür abstatte. So wunderbar Ihnen dieses bei einer Entfernung von etl. 80 Meilen vorkommen wird, so muß ich auch wirklich gestehen, daß ich in dem Fall eines Studenten bin, der entweder sehr weit vom Katheder sitzt oder der der Aussprache des Professors noch nicht gewohnt ist; denn das Msct. des HE. Philippi, das ich jetzt lese, ist etwas undeutlich u. manchmal auch unrichtig geschrieben, u. er scheint bei manchen Stellen so sehr auf Ihren Vortrag Acht gehabt zu haben, daß er bei vielen wirklich wichtigen Gegenständen nur eben so viel angemerkt hat, daß Sie solche erklärt haben, wie aber – das war eben der Vorteil des nahe sitzenden Zuhörers, den ich nicht habe. Indessen wächst durch das, was ich entziffre, der heißeste Wunsch, auch das übrige zu wissen. Ihnen zuzumuten, daß Sie Ihr Kollegium drucken ließen, das wäre Ihnen vielleicht unangenehm, aber die Bitte, dächt' ich, könnten Sie mir nicht versagen, daß Sie mir zu einer Abschrift eines sorgfältiger nachgeschriebenen Vortrags behilfslich wären; u. können Sie mir dieses auch gegen die heiligste Versicherung, das Msct. nie aus meinen Händen zu geben, nicht gewähren, so diene dieses Schreiben wenigstens dazu, Ihnen die Versicherung zu geben, daß ich Sie u. Ihre Kenntnisse ganz unaussprechlich hochschätze u. daß ich mit einer diesen Verdiensten entsprechenden Verehrung bin

*Ew. Hochedelgeb. ganz ergbst. Diener*
*Berlin, d. 21. Febr. 1778.*
*Zedlitz.*

akademischer Lehrer: Kant übernimmt die ordentliche Professur für Logik und Metaphysik von seinem ehemaligen Konkurrenten Buck, der seinerseits auf den frei gewordenen Lehrstuhl für Mathematik wechselt.

Seine Professur hat er wiederum mit einer lateinisch verfassten Dissertation anzutreten, der die öffentliche Verteidigung folgte. Das Thema dieser Arbeit zeigt bereits die Richtung an, die in der Folgezeit die Anstrengung seines Denkens nehmen wird: ›Über Form und Prinzipien der sinnlichen und intelli-

27 Freiherr Karl Abraham von Zedlitz

gibblen Welt‹. Es geht schon hier darum, die Befähigung des Menschen, Erkenntnisse zu gewinnen, einer kritischen Untersuchung zu unterziehen. Bestallter Mitdiskutant bei der Verteidigung ist übrigens Markus Herz, der nach seiner Übersiedelung nach Berlin gemeinsam mit seiner Frau Henriette eine herausragende Rolle im dortigen kulturellen Leben spielen wird. Er ist einer der wenigen, die Kant über lange Jahre brieflich über sein mühevolles Ringen mit der Erkenntniskritik unterrichtet.

Jetzt, da seine akademische Laufbahn ihren höchstmöglichen Punkt erreicht hat, bricht die Reihe der Publikationen, die seit 1761 wieder stetig zugenommen hatte, jäh ab. Es folgt ein elfjähriges Schweigen, das erst im Jahre 1781, dann aber mit einem »Paukenschlag«, gebrochen wird: mit der Veröffentlichung der monumentalen ›Kritik der reinen Vernunft‹.

## Die Persönlichkeit: Kants »Bedingungen der Möglichkeit« zu denken

Immanuel Kant: ein Mann von kleiner, leicht verwachsener Statur, nur 157 Zentimeter groß, die Schultern schief, mit kleinem Buckel und eingefallener Brust, so dass er des Öfteren über Atemnot und Herzbeklemmungen klagt, schnell erkältet und nervlich hochsensibel – wie schafft ein solcher Mann ein derart eindrucksvolles Werk? Zunächst ist auffällig, dass Kant, eingedenk seiner körperlich

28 Kant-Darstellung auf einem zeitgenössischen Aquatinta-Blatt

29 Kant und seine Tischgenossen. Gemälde von Emil Doerstling, um 1900

schwachen Konstitution, auf seine Willenskraft setzt. Aufschlussreich ist schon der Titel seines Aufsatzes ›Von der Macht des Gemüts, durch den bloßen Vorsatz seiner krankhaften Gefühle Meister zu sein‹. Kant entwickelt ein ganzes Regelwerk von Verhaltensweisen, die seinem körperlichen Zustand wie überhaupt seinem äußeren Lebensablauf Halt und Stetigkeit geben. Ordnung und Gewohnheit scheinen für ihn die Grundbedingungen der Möglichkeit zu sein, sein inneres Leben ganz dem Denken und der Ausarbeitung seiner Gedanken zu widmen.

Zumindest für die zweite Hälfte seines Lebens, in der er ja erst mit seinem eigentlichen Lebenswerk beschäftigt war, ist beispielsweise der Tagesablauf überliefert, den Kant mit unbeirrbarer Pünktlichkeit und eiserner Pedanterie einhielt.

Ich war vor wenigen Jahren noch dann und wann vom Schnupfen und Husten heimgesucht, welche beide Zufälle mir desto ungelegener waren, als sie sich bisweilen beim Schlafengehen zutrugen. Gleichsam entrüstet über diese Störung des Nachtschlafs entschloß ich mich …, mit festgeschlossenen Lippen durchaus die Luft durch die Nase zu ziehen; welches mir anfangs nur mit einem schwachen Pfeifen, und, da ich nicht absetzte oder nachließ, immer mit stärkerem, zuletzt mit vollen und freien Luftzuge gelang, worüber ich dann sofort einschlief. *Immanuel Kant*

Um 4.45 Uhr hatte ihn sein Diener Martin Lampe zu wecken, stets mit den Worten: »Es ist Zeit!« Lampe hatte strikte Order, nicht nachzugeben, auch wenn Kant gelegentlich einmal selbst länger zu schlafen wünschte. Nach dem Aufstehen Punkt 5.00 Uhr gab es zwei Tassen Tee und eine Pfeife Tabak als Frühstück. Danach bereitete er, noch im Morgenrock, die anstehenden Vorlesungen vor, die stets in der Zeit von 7.00 bis 9.00 Uhr stattfanden. Von 9.00 – 12.45 Uhr Arbeit (wieder im Morgenrock) an seinen Veröffentlichungen. 12.45 Uhr Umkleiden und Empfang der Tischgäste, speiste er doch täglich von 13.00 bis 16.00 Uhr ausführlich mit geladenen Freunden und Bekannten. Das war allerdings seine einzige Mahlzeit am Tag. Kant hat wohl nicht nur einiges von gutem Essen und Trinken, sondern auch vom Kochen verstanden, obgleich er eine Köchin beschäftigte; sein Freund Hippel, zuzeiten Königsbergs Bürgermeister, bedrängte ihn jedenfalls von Zeit zu Zeit, doch endlich eine ›Kritik der Kochkunst‹ zu schreiben.

30 Kant, Senf zubereitend. Zeichnung von Friedrich Hagemann, 1801

Pünktlich um 16.00 Uhr bricht Kant zum Spaziergang auf, immer allein und immer auf dem gleichen Weg. Er besucht seinen vertrautesten Freund, den englischen Kaufmann Joseph Green, in dessen Haus er auch des Öfteren an Abendge-

Kant ging jeden Nachmittag hin, fand Green in einem Lehnstuhle schlafen, setzte sich neben ihn, hing seinen Gedanken nach und schlief auch ein; dann kam Bankodirektor Ruffmann und tat ein Gleiches, bis endlich Motherby zu einer bestimmten Zeit ins Zimmer trat und die Gesellschaft weckte, die sich dann bis sieben Uhr mit den interessantesten Gesprächen unterhielt. Diese Gesellschaft ging so pünktlich um sieben Uhr auseinander, daß ich öfters die Bewohner der Straße sagen hörte: es könne noch nicht sieben sein, weil der Professor Kant noch nicht vorbeigegangen wäre.

*Ein Zeitgenosse*

*Brief von Frau Maria Charlotta Jacobi geb. Schwinck an Immanuel Kant*

Wehrter Freünd

Wunderen Sie sich nicht daß ich mich unterfange an Ihnen als einen großen Philosophen zu schreiben? Ich glaubte sie gesteren in meinen garten zu finden, da aber meine Freündin mit mir alle Alleen durchgeschlichen, und wir unseren Freünd unter diesem Zirckel des Himmels nicht fanden, so beschäfftigte ich mich mit Verfertigung eines Degen Bandes, dieses ist ihnen gewidmet. Ich Mache ansprüche anf Ihre gesälschafft Morgen Nachmittag, Ja Ja ich werde kommen, höre ich sie sagen, nun gutt, wir erwarten sie, dan wird auch meine Uhr aufgezogen werden, Verzeihen Sie mir diese erinnerung Meine Freündin und Ich überschicken Ihnen einnen Kuß per. Simpatie die Lufft wird doch woll im Kneiphoff dieselbe seyn, damit unser Kuß nicht die Simpatetische Krafft verliret, Leben Sie Vergnügt und Wohl

*Jacobin.*

*auß dem garten d. 12 Junij 1762.*

sellschaften teilnimmt. Nach Greens Tod verzichtet Kant auf den Spaziergang und »genehmigt« sich statt dessen zwei weitere Stunden Arbeit an seinen Manuskripten, daran anschließend folgt »leichte Lektüre«, etwa von Reisebeschreibungen. Ab 22.00 Uhr herrscht strikte Bettruhe.

Aber nicht nur der starre Tagesablauf diente der Entlastung von der Verwicklung in einen Alltag, der ohne solche Rituale stets neue Entscheidungen abverlangen und zuviel Fantasie und Kraft binden würde. Alles ordnet Kant in seinem Leben so, dass seine schwächliche physische Natur ihn möglichst wenig Raum und Zeit kostet. Er setzt vielmehr ganz auf seine Willenskraft und scheut auch nicht vor geradezu lächerlicher Pedanterie zurück. Auch dass er, der weltgewandte Gastgeber und gelehrte Redner, der in seinen Vorlesungen über physische Geografie seine Zuhörer mit Beschreibungen ferner Länder und Städte voll Fantasie und Genauigkeit zu faszinieren weiß, zeit seines Lebens über die nächste Umgebung Kö-

Sonderbarer Kontrast zwischen dem äußeren Leben des Mannes und seinen zerstörenden, weltzermalmenden Gedanken! Wahrlich, hätten die Bürger von Königsberg die ganze Bedeutung dieses Gedankens geahnt, sie würden vor diesem Mann eine weit grauenhaftere Scheu empfunden haben als … vor einem Scharfrichter, der nur Menschen hinrichtet – aber die guten Leute sahen in ihm nichts anderes als einen Professor der Philosophie … Wenn aber Immanuel Kant, dieser große Zerstörer im Reiche der Gedanken, an Terrorismus den Maximilian Robespierre weit übertraf, so hat er doch mit nigsbergs nicht hinauskommt, resultiert aus seiner heimlichen Maxime, den Lebensablauf so stetig und störungsfrei zu halten wie nur möglich, um frei zu sein für jenes systematische denkerische Erkunden der geistigen Konstitution des Menschen, dem Kant sein Leben verschrieben hat.

31 Kant-Bildnis eines unbekannten Künstlers, um 1790

So sehr er seinen Alltag und alle Lebensvollzüge peinlich genau durchorganisiert und sich selbst in die Pflicht genommen hat, so wenig darf man sich Kant als einen trockenen Fachsimpel vorstellen. Im Gegenteil: er war als gewitzter, kenntnisreicher und charmanter Gesellschafter hoch geschätzt, man fühlte sich in der Stadt durch seine Teilnahme an einer Abendgesellschaft geehrt, ebenso durch eine Einladung an seine Mittagstafel, an der es übrigens strikt verboten war, philosophische Themen zu erörtern.

Zu den geselligen Runden an Kants Tisch waren auch immer wieder Damen der Königsberger Gesellschaft geladen. Aus der Tatsache, dass Kant unverheiratet blieb bzw. keine »amourösen« Geschichten über ihn überliefert sind, sollte nicht auf eine Abneigung gegen Frauen geschlossen werden. Ein Freund und früher Biograf berichtet sogar, dass Kant in

diesem manche Ähnlichkeiten … Zunächst finden wir in beiden dasselbe Talent des Mißtrauens, nur daß es der eine gegen Gedanken ausübt und Kritik nennt, während der andere es gegen Menschen anwendet und republikanische Tugend betitelt. Im höchsten Grade zeigt sich in beiden der Typus des Spießbürgertums – die Natur hatte sie bestimmt, Kaffee und Zucker zu wiegen, aber das Schicksal wollte, daß sie andere Dinge abwögen, und legte dem einen einen König und dem Anderen einen Gott auf die Wagschale …

*Heinrich Heine*

fortgeschrittenem Alter zweimal die Ehe erwogen hat, die Erwägung aber wohl zuviel Zeit in Anspruch nahm: »Mir sind zwei seiner ganz würdige Frauenzimmer ... bekannt, die nach einander sein Herz und seine Neigung an sich zogen.« Aber er »zögerte mit dem Antrage, der wohl nicht abgewiesen worden wäre, und darüber zog eine von diesen in eine entferntere Gegend und die andere gab einem rechtschaffenen Manne sich hin, der schneller als Kant im Entschlüßen und Zusagefordern war«.

Die Ruhe und Entlastung, die Kant in seinen Gewohnheiten fand, spiegelt sich nicht nur in der Anhänglichkeit wider, mit der er an alten Freunden festhielt und sich um sie sorgte, wenn einer etwa erkrankte, sondern auch in der Großzügigkeit, mit der er seinen ihm über vier Jahrzehnte treu ergebenen Diener Lampe bedachte. Im hohen Alter allerdings, als Lampe wegen zunehmendem Alkoholismus nicht mehr zuverlässig war, musste er ihn entlassen. An den neuen Diener jedoch, den sein Freund Wasianski, der inzwischen die Hausverwaltung übernommen hatte, eingestellt hatte, konnte Kant sich nicht gewöhnen. So appellierte er in alter Manier an seine Willenskraft und schrieb sich zur Erinnerung in sein Notizbuch: »Der Name Lampe muß nun völlig vergessen werden.«

Derlei Skurrilitäten und Wunderlichkeiten finden sich zuhauf in Kants Leben, mit zunehmendem Alter wachsen sie sich zu Absonderlichkeiten aus. Für seine Persönlichkeit scheint es der Preis gewesen zu sein, den er zahlen musste, um seiner schmächtigen Physis die gewaltige Leistung abzuringen, wie sie sein einzigartiges monumentales Werk darstellt. Es ist um so erstaunlicher, dass dieser pflichtbewusste Mensch, der sich zugunsten seiner singulären Begabung weitgehend der Welt enthielt, ein so weltoffenes, weltläufiges, welthaltiges Werk hervorgebracht hat.

32 Das Wohnhaus Kants. Holzstich, um 1844

# Kants drei Fragen, die den Menschen bewegen:

**Was kann ich wissen?**
**Was soll ich tun?**
**Was darf ich hoffen?**

Was ist nun aber der Kern dieses lebenslänglichen Denkwerks, was ist Kants zentrales philosophisches Interesse? Es ist »die Metaphysik, in welche ich das Schicksal habe verliebt zu sein«. Es ist die uralte Frage, ob in der Welt, im Kosmos und speziell im Menschen, aller Begrenztheit und Bedingtheit zum Trotz, das Unbedingte »anwesend« ist, und vor allem, ob dies auch mit Gewissheit erkannt werden kann. Zu allen Zeiten haben die Menschen angesichts der Endlichkeit ihres Lebens nach der Unsterblichkeit ihrer Seele verlangt – ist dies ein verständlicher, aber irrealer Wunsch? Alle Handlungen, die die Menschen als ihre eigenen erleben, gehen aus einem unübersehbar vernetzten Bedingungsgefüge, aus ihrer Mit- und Umwelt hervor – kann da sinnvoll von Freiheit die Rede sein? Und schließlich: Kann das Bedingte sein ohne Gründung in einem Unbedingten? Ist da gar ein Gott?

Diese nach Kant »unvermeidlichen Aufgaben« des metaphysischen Philosophierens sind nun aber schon jahrhundertelang beackert worden, es bleibt der Eindruck eines verwüsteten Kampfplatzes. Deshalb stellt Kant, bevor er irgendeine der metaphysischen Fragestellungen in Angriff nimmt, eine entscheidende Vorfrage: Ist Metaphysik als Wissenschaft überhaupt möglich? Diese Vorfrage mit all ihren Verzweigungen wird zur alle bisherigen Denkmuster umwälzenden Hauptfrage seines Denkens. Was können unser Verstand und unsere Vernunft wirklich leisten, wo liegen ihre Grenzen und mit welcher Gewissheit können wir überhaupt etwas wissen?

Die Vernunftkritik betrifft aber nicht nur das Erkenntnisvermögen, sondern auch die Praxis der Menschen. Zeigt sich in unserer praktischen Vernunft, wie wir »gut« handeln, wie wir also handeln sollten? Gibt es Maßstäbe, und woher begründen sie sich? Und vor allem: Gibt es unbedingt richtiges, »gerechtes« Handeln, und wenn ja: aus welchem Prinzip leitet es sich ab und wieso und wie können wir es in all unserer Bedingtheit dennoch realisieren?

Letzten Endes geht es um die Frage, was das innere Ziel des Menschen sei und inwieweit er hoffen dürfe, es zu erreichen. Denn »alles Hoffen geht auf Glückseligkeit«, und diese »ist die Befriedigung aller unserer Neigungen«. (KrV B 833f.) Für den einzelnen Menschen ist es die Frage nicht nach diesem oder jenem Glück, sondern nach der dauerhaften Erfüllung seines Wesens. Für die Menschheit als ganze ist es die Frage nach Sinn und Ziel ihrer geschichtlichen Existenz. Die Skepsis, mit der wir heute solchen Fragestellungen – wenn denn überhaupt – begegnen, ist begründet; die schärfsten Argumente verdanken wir Immanuel Kant.

»Alles Interesse meiner Vernunft … vereinigt sich in folgenden drei Fragen: 1. Was kann ich wissen? 2. Was soll ich tun? 3. Was darf ich hoffen?« (KrV B 832f) In der transzendentalen Methode entwickelt Kant ein Instrument, mit dem, wie er annimmt, zwischen Wissen und Unwissen, zwischen Wahrheit und Wahrscheinlichkeit, zwischen Können und Sollen, zwischen Hoffnung und Erfüllung präzise unterschieden werden kann. »Alleszermalmer der Metaphysik« nennt ihn deshalb Moses Mendelssohn, sein philosophischer Kollege in Berlin, gleichermaßen respektvoll wie irritiert und zweifelnd. Es handle sich lediglich um die »Tobsucht eines gelehrten Schreiers«, entrüstet man sich beispielsweise. Eine »kopernikanische Wende« in der Philosophiegeschichte und eine »neue Geburt« der Metaphysik nennt Kant selbst seine »Revolution der Denkart«, derzufolge in Wissenschaft, Philosophie und Ethik nichts bleibt, wie es vorher war. Und darin stimmen ihm bis heute sowohl Anhänger wie Gegner zu. Wie kam es zu diesem revolutionären Umbruch des Denkens, und worin besteht er?

# Erkenntnistheorie: Gibt es »wahre« Erkenntnisse?

## Die Vorgeschichte des Wahrheitskonzepts: Platon – Aristoteles – Thomas von Aquin – Descartes – Hume

Um ermessen zu können, welche Umwälzung das Kantische Denken in der abendländischen Erkenntnistheorie verursacht hat, ist ein kurzer Rückblick auf die wichtigsten Entwicklungsstationen dieser philosophischen Disziplin hilfreich. Und schon der erste große Denker, der das Augenmerk seiner Schüler nachdrücklich auf die Untersuchung des menschlichen Erkenntnisvermögens lenkte, bedachte ausgiebiger die Notwendigkeit des Zweifelns als die Wahrheitsfähigkeit des Menschen. Platon erzählt das berühmte Höhlengleichnis nach, mit dem sein Lehrer Sokrates einem seiner Studenten den fundamentalen Unterschied zwischen Schein und Sein erklärte. Es verdeutlicht, dass die »wie in einer Höhle« prinzipiell an Raum und Zeit gefesselten Menschen, hinter deren Rücken das Sonnenlicht vom Höhleneingang her einfällt, auf der gegenüberliegenden Höhlenwand nur den Schein der Dinge bzw. ihrer selbst wahrnehmen können. Diese Scheinwelt halten die Menschen für die Realität, es sei denn, sie werden von ihren »Fesseln«, ihrer Begrenztheit, Endlichkeit, befreit und »mit Gewalt« ans Tageslicht gebracht. Dort nehmen sie die Dinge wahr, wie sie »sind« und nicht, wie sie »erscheinen«.

Vier Stufen der Erkenntnis sind bei Platon zu unterscheiden. Die Anfangsstufe (»Eikasia«) ist bloße Abbildwahrnehmung; wir nehmen zunächst nur naiv, subjektiv-alltäglich auf, was uns erscheint, ohne Bewusstsein von einem »Ori-

---

Nun betrachte auch ... die Lösung und Heilung von ihren Banden und ihrem Unverstande ... Wenn einer entfesselt wäre und gezwungen würde, sogleich aufzustehen, den Hals herumzudrehen, zu gehen und gegen das Licht zu sehn, und, indem er das täte, immer Schmerzen hätte und wegen des flimmernden Glanzes nicht recht vermöchte, jene Dinge zu erkennen, wovon er vorher die Schatten sah: was ... würde er sagen, wenn ihm einer versicherte, damals habe er lauter Nichtiges gesehen, jetzt aber ... sähe er richtiger? *Aus Platons ›Höhlengleichnis‹*

33 Platon und Aristoteles in Raffaels Fresko ›Die Schule von Athen‹ (Ausschnitt)

ginalbild«. Die höchste Erkenntnisstufe, die hier erreicht werden kann, ist die der empirischen, also intersubjektiv nachprüfbaren Analyse von Gesetzmäßigkeiten in der Welt der »Schattenbilder«. Die Kausalbeziehung zwischen Ur- und Abbild wird erst auf der zweiten Stufe (»Aisthesis«) erkennbar, wenn nämlich durch die Befreiung von den Fesseln auch die Differenz zwischen Schein und Sein, zwischen Abbild und »wahrhaft« Seiendem wahrgenommen werden kann.

Beide Erkenntnisstufen zusammen lassen sich als frühe Formen der empirisch-induktiven Erkenntnismethode fassen. Erst die dritte Stufe (»Dianoia«) verschafft den Zugang zur »Tagwelt« oberhalb der Höhle, d. h. zur Ideen- und Begriffserkenntnis im platonischen Sinne, zur Welt »über die Physik hinaus«, also zur meta-physischen Erkenntnis des wahren Seins. In deren Licht erweisen sich auch die scheinbaren »Originale« nur als endliche und veränderliche Abbilder der unveränderlichen ewigen Ideen. Modern gesprochen, geht es hier um die begrifflich-deduktive Erkenntnisgewinnung, wie sie beispielsweise in der Mathematik zum Tragen kommt. Im platonischen Sinne gelten die Begriffe wiederum als Abbilder der Ideen. Das diskursive Denken leitet aus der Allgemeinheit von Begriffen die Erkenntnis der einzelnen konkreten Dinge ab. Auf der vierten Stufe (»Noesis«) endlich

**Platon** (427–347 v. u. Z.) sieht die Welt in den sinnenhaft wahrnehmbaren und den geistigen Kosmos geteilt. Erkenntnis ist für ihn ein Wiedererinnern (Anamnesis) der unvergänglichen, vollkommenen Ideen durch die Loslösung (Katharsis) des menschlichen Geistes von der vergänglich-dinglichen Materie.

»schaut« der menschliche Geist die Ideen in ihrem Sein, erkennt er den Ursprung aller Abbilder. Erst hier spricht man Platon zufolge sinnvoll von der Wahrheit; denn erst im Schauen (»Theoria«) der ewigen, allgemeinen, unveränderlichen Ideen, an erster Stelle der Idee des Guten, »begegnet« uns ihr wirkliches Sein.

Wahrheit ist für Platon also weder durch induktives noch durch deduktives Vorgehen erreichbar. Trotzdem ist unser Erkenntnisvermögen nicht ungerichtet. Die Ideen durchwirken die Welt in der Form der Abbildung; daher ist unsere Erkenntnis immer scheinbar und begrenzt und hat doch ihren abbildhaften Anteil an der Wahrheit der Ideen. Das Vermögen hierzu ist dem Menschen nach Platon angeboren.

Das sieht Aristoteles, der philosophiegeschichtlich fast immer den Kontrapunkt zu Platon setzt, ganz anders. Für ihn ergibt sich die Wahrheit nicht in der Schau der Ideen; Erkenntnisgewinn ist vielmehr Sache der beweisenden Wissenschaft. Diese hat die Ursachen zu analysieren, die Notwendigkeit in der Ursache-Wirkung-Beziehung nachzuweisen und die Ursachenketten bis zu den ersten Prinzipien zurückzuverfolgen. Dabei führt Aristoteles die bedeutsame Unterscheidung zwischen dem zeitlich »für uns« früher Erkannten und dem »an sich« oder »von Natur aus« Ersten ein.

Es handelt sich dabei aber nicht – wie man später zu Descartes Zeiten missverstand – um zwei getrennte Sphären, etwa eine »objektive Seinsordnung« und eine »subjektive Erkenntnisordnung«. Aristoteles zeigt vielmehr, dass in Bezug auf denselben Erkenntnisgegenstand der Aufbau unseres Erkenntnisprozesses bei der jeweilig »letzten« Wirkung der Ersten Ursache beginnt, nämlich bei der sinnlichen Wahrnehmung durch den Einzelnen. Über das Erinnern ähnlicher oder identischer Wahrnehmungen und über ihr Bündeln in der

Sein Schüler **Aristoteles** (383–321 v. u. Z.) geht dagegen von einem einzigen Kosmos aus, der eine untrennbare Wirkeinheit von Geist und Materie ist. Nur im erfahrbaren Einzelnen, dem Geist-Materie-Gemisch, ist das Allgemein-Geistige wirklich; es kann deshalb nur durch Abstraktion erkannt werden. Diese geschieht durch Vergleichen der sinnenhaft erfahrbaren Gegebenheiten, bis das vergleichbare Allgemeine durch »Abziehen« (lateinisch: abstrahere) des vergänglichen Speziellen sich zeigt.

Abstraktion, so Aristoteles, führt der Prozess zur Erkenntnis, die als Bildung eines Allgemeinen für vieles Einzelne verstanden wird. Insofern Erkenntnisse allgemeiner Natur sind, bedarf es deren Fundierung in ersten Prinzipien, die ihrerseits mittels Schlussfolgerungen gewonnen werden, dennoch aber als wahr begriffen werden.

Diese Einsicht in das von Natur aus Erste ist nach Aristoteles ein ursprüngliches, allerdings nicht ausdrücklich »gewusstes« Vorverständnis, das wir immer schon mitbringen und das unseren Erkenntnisprozess leitet. Unsere Erkenntnis der Ersten Ursache (Aristoteles nennt sie bisweilen auch »Gott«) ist also auf dem Wege des Schlussfolgerns erschlossen, und damit ist auch sie eine Erkenntnis »von uns für uns«; bestimmt ist dieser Weg allerdings – sonst könnte er gar nicht zielgerichtet beschritten werden – von einem Vorverständnis dieser Ersten Ursache, von dieser selbst im menschlichen Geist niedergelegt.

Die Frage ist natürlich, ob ein solcher Perspektivenwechsel überzeugend sein kann, wenn die inhaltliche Konsistenz des logischen Schlussfolgerns ebenso wie die reale Existenz der erschlossenen Erkenntnisinhalte (und damit die Wahrheit der so erworbenen Erkenntnis) plötzlich von einem geschlussfolgerten Ersten Verursacher garantiert werden soll. So beherrschte denn auch in der Folge über beinahe tausend Jahre hin der so genannte Universalienstreit die philosophische Szene. Die entscheidende Frage stellte sich so dar: Über das sinnlich erfassbare Einzelne hinaus sucht das Denken, das Allge-

Ich rege an, von vornherein offen zur Kenntnis zu nehmen, daß jene Unterscheidung zwischen Realität und Schein ein fragwürdiges Konstrukt ist ... Dazu gehört, daß wir weder Unterscheidungen noch Erklärungen oder sonstige Aussagen auf eine unabhängige Außenwelt stützen können. Wir müssen uns also mit der Grundbedingung anfreunden, im Akt des Unterscheidens nicht gegebene Differenzen bloß festzustellen und zu bestätigen, sondern das Unterschiedene selber aktiv zu konstituieren, hervorzubringen oder zu erzeugen.

Obwohl sich ähnliches sicher schon bei Kant findet, gehe ich einen Schritt weiter und behaupte, daß man auch den Beobachter – und damit die wesentlichen Konnotationen des selbstreflektierenden Bewußtseins oder Geistes – erklären kann. Um diese Bedingtheit zu betonen, setze ich »Objektivität« in Gänsefüßchen, ohne jedoch leugnen zu wollen, daß wir es mit Objekten zu tun haben, denn immerhin konstituieren wir ja am laufenden Band welche! *Umberto Maturana* meine in Begriffen zu fassen: Schafft dabei das Denken die Existenz dieser Begriffe ihrem Gehalt nach – wie die Subjektivisten meinen –, oder schafft das Denken lediglich den Begriff in formaler Hinsicht, kann dies aber nur tun, weil die reale Existenz der Begriffsinhalte dem Denken vorausgeht – wie die Objektivisten meinen? Der moderne Streit zwischen den Konstruktivisten und ihren Gegnern, wie im ersten Kapitel skizziert, hat hier seine historischen Wurzeln.

In der Blüte der mittelalterlichen Scholastik ist es Thomas von Aquin (1225–1274), der unter Bezugnahme auf die Terminologie des Aristoteles einen großen, zwischen den beiden Extrempositionen vermittelnden Entwurf vorlegt. Thomas bestimmt zunächst den Ort von Erkenntnis: sie findet medial zwischen Subjekt und Objekt statt. Erkenntnis wird hier verstanden als Prozess der Verähnlichung (*assimilatio*) sowohl des Subjekts wie des Objekts. »Wahre« Erkenntnis besteht nicht in einem einseitigen Verhältnis der Abbildung im menschlichen Intellekt; vielmehr ist es der »handelnde Intellekt« (*intellectus agens*), der durch den Akt der Erkenntnis zwischen Subjekt und Objekt vermittelt und die Wahrheit durch einen Veränderungsprozess an beiden hervorbringt: die »Angleichung« von Erkennendem und Erkenntnisgegenstand (*adaequatio intellectus et rei*). Dass der spätere Thomismus

34 Thomas von Aquin (1225–1274)

diese Formel in *adaequatio intellectus ad rem* abwandelte, also »Angleichung des Intellekts an den Gegenstand«, zeigt nur, dass selbst Thomas' genialer Ansatz der traditionellen Übermacht der Objektivisten weichen musste.

Aber auch eine beiderseitige Modifikation von Subjekt und Objekt setzt das Vorhandensein des Erkenntnisgegenstandes voraus, den der Intellekt sodann in sich formend aufnimmt und so begreift. Für Thomas löst sich dieses Problem dadurch, dass die Verähnlichung, die im Erkenntnisprozess stattfindet, eine Aktualisierung jener durchgehenden Analogieverhältnisse darstellt, die die ganze Ordnung des Seienden stufenweise aufbauen. Der Intellekt kann, was er begreift, nur deshalb seinem Denkinhalt »verähnlichen«, weil er seiner Natur nach analog zur Natur des zu erkennenden Gegenstandes geschaffen ist. Dass aber diese Analogie alles Seienden (*analogia entis*) das Schöpferwerk Gottes ist und dass sich diese letztbegründende Einsicht nur im Licht des Glaubens, nicht aber auf dem Wege der Wissenschaft erreichen lässt, wird Thomas nicht müde zu betonen.

Auch Descartes begreift den Schöpfergott als Garanten für die Adäquatheit menschlicher Erkenntnisse, obwohl das wohl keiner der Leser seines radikalen ›Discours de la méthode‹ von 1637 erwartet hätte. Descartes nennt als Kriterien für Wahrheit »Klarheit« und »Deutlichkeit«. Er verwirft in ihrem Namen vorsichtshalber das ganze Arsenal üblicher Gewissheiten, da sie nicht unzweifelhaft die Möglichkeit der Täuschung ausschliessen. Als Ergebnis dieses methodisch angewandten radikalen Zweifels bleibt das berühmte *Cogito ergo sum* übrig, das sich nicht widerspruchsfrei bezweifeln lässt: »Ich denke, also bin ich.«

Dies aber ist die einzige in sich selbst evidente Gewissheit. Zunächst einmal ist mit diesem Ansatz die Erkenntnisleistung allein durch das Subjekt bedingt. Zum anderen wird das

---

**Rationalismus:** Nicht die Sinneserfahrung ist beweiskräftige Grundlage und Grenze unserer Erkenntnis, sondern die Vernunft. Nur die Vernunft kann »wahre« Aussagen über die Wirklichkeit machen. Im engeren Verständnis von Rationalismus ist dies Sache der logischen Beweisführung durch den schlussfolgernden Verstand.

Subjekt, das sich während des Denkakts selbst als Objekt erkennt, obendrein auf seine pure Denkexistenz reduziert. Mit dieser zweifachen »rationalistischen« Verengung hat Descartes das neuzeitliche Denken begründet, insofern dieses Denken vom Vorrang des Subjekts und von dessen Steuerung durch die Ratio ausgeht.

Wie aber kommen alle übrigen Inhalte ins Denken des nur sich selbst gewissen Subjekts? Und woher kommt Gewissheit, dass diese Inhalte auch subjektunabhängig existieren? Stark vergröbert stellt sich Descartes Gedankengang folgendermaßen dar: Das Subjekt erlebt seinen eigenen Denkakt als endlich. Damit einhergehend erschließt sich die Idee des Unendlichen (Gott) als Ursache alles Endlichen. Die selbstständige, denkunabhängige Existenz der Denkinhalte »beweist« Descartes durch einen lange Zeit tragfähigen Kunstgriff: Er teilt die Welt ein in zwei Kategorien, Denkendes *(res cogitans)* und Ausgedehntes *(res extensa)*, und beide wären miteinander unverträglich, wenn nicht die »unendliche Substanz« (= Gott) auch hier wieder als Erster Verursacher für die Übereinstimmung von Denkexistenz und Realexistenz sorgen würde.

Wir können hier den vielen Einzelfragen, die ein solcher Entwurf aufgibt, nicht nachgehen; ebenso wenig können hier die anderen bedeutenden Systeme, etwa von Spinoza, Leibniz oder Wolff, dargestellt werden, die den seit Aristoteles vorherrschenden Rationalismus radikalisieren und zuspitzen. All diese vom Primat der Vernunft her gestalteten Systeme zeich-

Sodann untersuchte ich aufmerksam, was ich denn bin, und beobachtete, daß ich mir einbilden könnte, ich hätte keinen Körper und es gäbe keine Welt noch einen Ort, an dem ich mich befinde, daß ich mir aber darum nicht einbilden könnte, daß ich selbst nicht wäre; ganz im Gegenteil sah ich, daß gerade aus meinem Bewußtsein, an der Wahrheit der anderen Dinge zu zweifeln, ganz augenscheinlich und gewiß folgte, daß ich bin, sobald ich dagegen nur aufgehört hätte zu denken, selbst wenn alles übrige, das ich mir jemals vorgestellt habe, wahr gewesen wäre, ich doch keinen Grund mehr zu der Überzeugung hätte, ich sei gewesen. Daraus erkannte ich, daß ich eine Substanz bin, deren ganzes Wesen oder deren Natur nur darin besteht zu denken, und die zum Sein keines Ortes bedarf, noch von irgendeinem materiellen Ding abhängt, so daß dieses Ich, d. h. die Seele, durch die ich das bin, was ich bin, völlig verschieden ist vom Körper, ja daß sie sogar leichter zu erkennen ist als er, und daß sie, selbst wenn er nicht wäre, doch nicht aufhörte, alles das zu sein, was sie ist. *René Descartes* nen sich dadurch aus, dass Erkenntnis zwar in der Sinneserfahrung ihren Anfang nimmt, dies indes keine »Wahrheit« verbürgt. Auch die Vernunft bedarf der metaphysischen Fundierung, sie garantiert die »Wahrheit« der Erkenntnis. Immer wieder kommt es zu Perspektivenwechseln, indem etwa versucht wird, von einem »Gott«, einer »ewigen Idee« oder einer »unendlichen Substanz« her die Dinge zu betrachten, um solcherart des Ungenügens der menschlichen Vernunft Herr zu werden. Einen »Gott« zu postulieren, führt aber nicht dessen tatsächliche Existenz herauf, ebenso wenig wie die gedankliche Vorstellung von einem Schlaraffenland dessen Wirklichkeit nach sich zieht, wie übrigens schon Anselm von Canterbury (1033–1109) im Zuge seiner Ausarbeitung des ontologischen Gottesbeweises anmerkte.

Im England des 17. Jahrhunderts erstarkte im Widerspruch zu den Modellen des Rationalismus der Empirismus, dessen wichtigste Vertreter Thomas Hobbes, John Locke und David Hume waren und dessen antike Wurzeln bei den Skeptikern, den Epikureern und den Stoikern zu finden sind. Im Verstand sei nichts, was nicht zuvor in den Sinnen gewesen sei, sagt Locke, und George Berkeley setzt als letzte Konsequenz Sein mit Wahrgenommenwerden gleich: *Esse est percipi.* Somit bleibt für den Empirismus die sinnlich erfahrbare Welt die einzig erkennbare Welt. Dass sie dann auch die einzige vorhandene Welt ist, dieses Bekenntnis forderte zur damaligen Zeit sicherlich Mut, aber kaum mehr gedankliche Anstrengung. Von Gewissheit oder gar Wahrheit kann im Hinblick auf einen solchen Ansatz allerdings nur in einem vorläufigen Sinne die Rede sein, denn die endliche Erfahrung begrenzt dementsprechend auch die Erkenntnismöglichkeit. Ein »Über-

Seit Lockes und Leibnizens Versuchen, oder vielmehr seit dem Entstehen der Metaphysik, soweit die Geschichte derselben reicht, hat sich keine Begebenheit zugetragen, die in Ansehung des Schicksals dieser Wissenschaft hätte entscheidender werden können, als der Angriff, den David Hume auf dieselbe machte. Er brachte kein Licht in diese Art von Erkenntnis, aber er schlug doch einen Funken, bei welchem man wohl ein Licht hätte anzünden können, wenn er einen empfänglichen Zunder getroffen hätte, dessen Glimmen sorgfältig wäre unterhalten und vergrößert worden … Ich gestehe frei: die Erinnerung des David Hume war eben dasjenige, was mir vor vielen Jahren zuerst den dogmatischen Schlummer unterbrach und meinen Unterstieg« wie in der Metaphysik ist im Rahmen eines solchen Argumentationsgefüges prinzipiell ausgeschlossen.

In seinem ›Enquiry concerning human understanding‹ von 1748 bestimmt David Hume Erkenntnis als Assoziation von unmittelbaren Sinnesempfindungen (*impressions*) oder von mittelbaren, die Empfindungen gedanklich reproduzierenden Vorstellungen (*ideas*). Die assoziative Verknüpfung lässt sich nach drei Kategorien unterscheiden: der Ähnlichkeit, der Kausalität und der Berührung in Zeit und Raum. Des Weiteren differenziert Hume zwischen Vernunftwahrheiten und Tatsachenwahrheiten, zwischen denen es keine Korrespondenz gibt. Vernunftwahrheiten sind beispielsweise Erkenntnisse der Mathematik; Aussagen etwa über das Dreieck oder den Kreis sind das Ergebnis reiner Denktätigkeit: »Wenn es auch niemals einen Kreis oder ein Dreieck in der Natur gegeben hätte, so würden doch die von Euklid demonstrierten Wahrheiten für immer ihre Gewissheit und Evidenz behalten.«

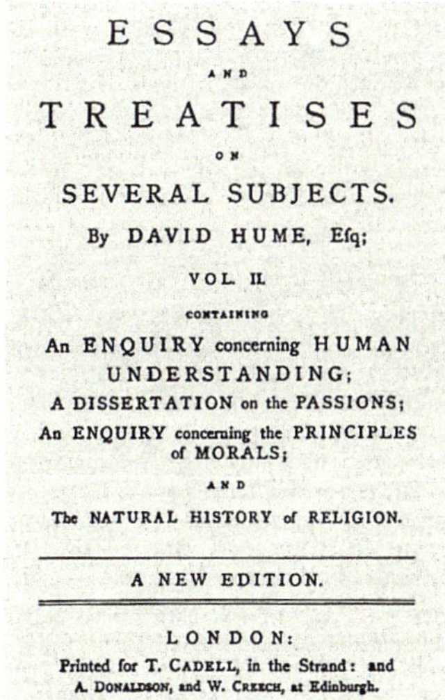
ESSAYS
AND
TREATISES
ON
SEVERAL SUBJECTS.
By DAVID HUME, Efq;
VOL. II.
CONTAINING
An ENQUIRY concerning HUMAN UNDERSTANDING;
A DISSERTATION on the PASSIONS;
An ENQUIRY concerning the PRINCIPLES of MORALS;
AND
The NATURAL HISTORY of RELIGION.

A NEW EDITION.

LONDON:
Printed for T. CADELL, in the Strand: and A. DONALDSON, and W. CREECH, at Edinburgh.

35 Titelseite des zweiten Bandes von Humes Werkausgabe letzter Hand

Ganz anders die Tatsachenwahrheiten: Sie sind nicht eigentlich als Wahrheiten, sondern als Wahrscheinlichkeiten zu

suchungen im Felde der spekulativen Philosophie eine ganz andere Richtung gab. Ich war weit entfernt, ihm in Ansehung seiner Folgerungen Gehör zu geben, die bloß daher rührten, weil er sich seine Aufgabe nicht im ganzen vorstellte, sondern nur auf einen Teil derselben fiel, der, ohne das Ganze in Betracht zu ziehen, keine Auskunft geben kann. Wenn man von einem gegründeten, obzwar nicht ausgeführten Gedanken anfängt, den uns ein anderer hinterlassen, so kann man wohl hoffen, es bei fortgesetztem Nachdenken weiter zu bringen, als der scharfsinnige Mann kam, dem man den ersten Funken dieses Lichts zu verdanken hatte.

*Immanuel Kant in der Vorrede zu den ›Prolegomena‹*

verstehen. Wir assoziieren gewohnheitsmäßig ein häufig wiederkehrendes Ereignis als »gleich«, unter jeweils gleichen Umständen erwarten wir ein gleiches Ereignis. Je umfassender unsere Erfahrungen hinsichtlich eines Ereigniszusammenhanges sind, desto größer wird auch die Wahrscheinlichkeit, mit welcher wir einen solchen zu erkennen vermögen. Da unsere Erfahrung aber nie vollständig sein kann, ist im Bereich der Tatsachen »wahre« Erkenntnis nicht wirklich möglich: »Das Gegenteil jeder Tatsache bleibt immer möglich; denn es kann niemals einen Widerspruch in sich schließen … Daß die Sonne morgen nicht aufgehen wird, ist ein nicht minder verständlicher Satz und nicht widerspruchsvoller als die Behauptung, daß sie aufgehen wird.«

Das Fundament der empirischen Wissenschaft ist daher für Hume gerade nicht ein erstes unumstößliches Wissen, sondern ein Glaube, eine Erwartungshaltung, wonach wir dieses oder jenes als plausibel ansehen, endgültige Gewissheiten aber nicht gewinnen können. Nichtsdestotrotz ist dieser Glaube aus Humes Sicht das größte Kapital, das dem Menschen überhaupt im Hinblick auf Erkenntnisse gegeben ist; es reicht nur eben nicht für die Erkenntnis der Wahrheit.

Wir sehen, was übrig bleibt, wenn man sich den Rückgriff auf metaphysische Erklärungsansätze versagt, die (zumindest dem Begriff nach) für die Übereinstimmung zwischen Denkinhalt und realer Gegenstandswelt geradestehen. Die »Versubjektivierung« des Erkenntnisprozesses wird nicht einmal mehr durch die Forderung nach Objektivität ausbalanciert. Gleichzeitig wird sie durch »Psychologisierung« zugespitzt: Die Verknüpfung der Sinnesempfindungen und die Häufigkeit gleicher Wahrnehmungen entscheiden darüber, was als wahr und falsch gelten soll. Intersubjektivität als Prüfstein anzusetzen, mittels derer in der weiteren Entwicklung der

---

**Empirismus:** Die Sinneserfahrung ist Ausgangspunkt und Grenze aller Erkenntnis. »Wahre« Aussagen über die Dinge können nicht endgültig sein, solange die Erfahrung über sie nicht abgeschlossen ist.

empiristischen Wissenschaftstheorie diese Not gelindert werden soll, verbreitert zwar die Basis der Subjektivität bzw. des Grades der Wahrscheinlichkeit hinsichtlich des Verlaufs jeweiliger Ereignisse, löst aber damit das Problem nicht prinzipiell. Das will der Empirismus allerdings auch erklärtermaßen nicht, er bestreitet vielmehr, dass sich die Wahrheitsfrage überhaupt stellt. Die Objektivität, die die Empiristen anstreben, ist eine subjektiv gebundene, und die Verständigung, die sie darüber – intersubjektiv – anstreben, setzt auf Plausibilität.

### Kants kopernikanische Revolution der Denkart: Die Kritik der reinen Vernunft

Ein Jahrzehnt zurückgezogenen Nachdenkens, aber nur wenige Monate der schriftlichen Abfassung brauchte Immanuel Kant, bis er zur Leipziger Frühjahrs-Buchmesse 1781 jenes 856 Seiten umfassende Werk veröffentlichen konnte, mit dem er das Denken in Philosophie und Wissenschaft auf ein völlig neues Fundament stellte: die ›Kritik der reinen Vernunft‹.

Die Resonanz auf dieses Werk, das Schopenhauer spä-

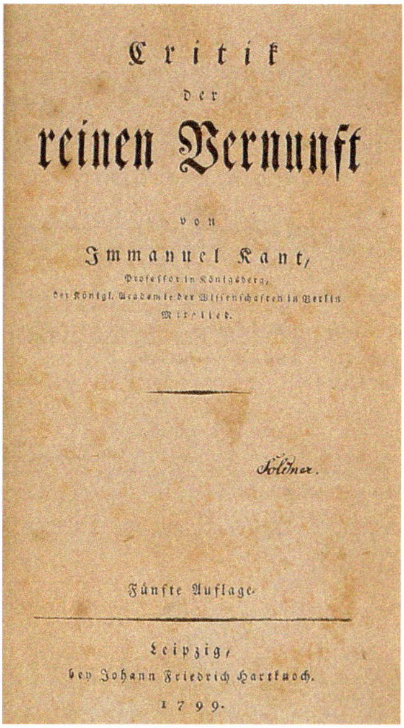


36 Titelseite der ›Kritik der reinen Vernunft‹

ter »das wichtigste Buch« nannte, »das jemals in Europa geschrieben worden ist«, ist zunächst katastrophal. Es wird kaum zur Kenntnis genommen, geschweige denn seine fundamentale philosophische Bedeutung erkannt. Aber Kant glaubt nach der ersten herben Enttäuschung fest an einen Erfolg: »Die erste Betäubung, die eine Menge ganz ungewohnter Begriffe und einer noch ungewöhnlichern ... neuen Sprache, hervorbringen mußte, wird sich verlieren«, schreibt er am 7. August 1782 an Christian Garve, den ersten, noch sehr unsicheren Rezensenten seines Werks.

Tatsächlich wendet sich das Blatt, und nach einigen Jahren wird das Werk zunächst in deutschen gelehrten Kreisen, dann recht schnell in ganz Europa studiert und heftig diskutiert. Immanuel Kant ist plötzlich ein berühmter Mann, der berühmteste Philosoph seiner Epoche gar, und er wird es lange bleiben. Er wird vielfach ausgezeichnet und avanciert zum Mitglied verschiedener wissenschaftlicher Akademien in Europa: 1786 Berlin, 1794 St. Petersburg, 1798 Siena.

In der Folge schreibt Kant eine Fülle hochkarätiger Werke. Schon 1783 bringt er die ›Prolegomena zu einer jeden künftigen Metaphysik, die als Wissenschaft wird auftreten können‹ heraus. Diese »Vorbemerkungen« sind durchaus ein ganzes Buch, von Kant unter dem Eindruck der zahlreichen Missverständnisse und Klagen über die »Dunkelheiten« seines Hauptwerks verfasst. In verständlicherer Sprache zeichnet er hier den Hauptstrang der ›Kritik der reinen Vernunft‹ noch einmal nach. Die vorherige Lektüre der ›Prolegomena‹ sei deshalb jedem angeraten, der sich an die ›Kritik der reinen Vernunft‹ machen will.

Nach eigenem Bekunden wurde Kant aus seinem »dogmatischen Schlummer« geweckt, als er die Traktate des Empiristen David Hume studierte. Dessen Anspruch auf wissenschaftliche

---

**Metaphysik:** Im vorkantischen Sinne meint Metaphysik die systematische Erkenntnis des Übersinnlichen, der Dinge an sich. Der Name Metaphysik rührt angeblich von der Anordnung der Werke des Aristoteles in der berühmten Bibliothek von Alexandria im alten Ägypten her, die, nachdem sie lange verschollen, im Jahre 70 vor unserer Zeitrechnung jedoch wiedergefunden worden waren. »Nach« (*meta*) den Büchern ›Über die Natur‹ (*ta physika*) wurden jene Werke eingeordnet, die über die Natur hinausgingen und sich mit den ersten Prinzipien des Seienden befassten; diese wurden deshalb in der Folge-

Dieses Werk [›Die Kritik der reinen Vernunft‹], das den Verstand seiner Leser immer übt, wenn auch nicht immer unterrichtet, oft die Aufmerksamkeit bis zur Ermüdung anstrengt, zuweilen ihr durch glückliche Bilder zu Hülfe kömmt oder sie durch unerwartete gemeinnützige Folgerungen belohnt, ist ein System des höheren ... Idealismus ... Das ganze Buch kann allerdings dazu dienen, mit den beträchtlichsten Schwierigkeiten der spekulativen Philosophie bekannt zu machen und den auf ihre eingebildete reine Vernunft allzu stolz und kühn sich verlassenden Erbauern und Verfechtern metaphysischer Systeme manchen Stoff zu heilsamen Betrachtungen vorhalten. Aber die Mittelstraße zwischen ausschweifenden Skepticismus und Dogmatismus, den rechten Mittelweg, mit Beruhigung, wenngleich nicht mit völliger Befriedigung, zur natürlichsten Denkart zurückzuführen, scheint uns der Verf. nicht gewählt zu haben. *Aus der ersten Rezension der ›Kritik der reinen Vernunft‹ von Christian Garve am 19. Januar 1782*

Exaktheit und Überprüfbarkeit beeindruckte ihn zutiefst. Aber die »Bescheidenheit« der Empiristen, sich statt mit sicheren mit nur wahrscheinlichen Erkenntnissen abzufinden, befriedigte ihn nicht. Durch das Sammeln von Sinneseindrücken und den assoziativen Abgleich können weder wirklich neue noch wirklich sichere Erkenntnisse gewonnen werden; da besticht sehr wohl das Postulat der Rationalisten, nicht die Erfahrung, sondern die Vernunft sei das Mittel, Gewissheit zu erreichen.

Die angebotene metaphysische Lösung überzeugt indes nicht, weil sie auf einer wissenschaftlich nicht akzeptablen Voraussetzung beruht. So lautet denn auch die entscheidende Frage: »Wie ist Metaphysik als Wissenschaft möglich?« (KrV B 22) Um eine sinnvolle Antwort auf diese Frage zu gewinnen, muss allerdings jenes Instrument, mit dem von jeher Metaphysik betrieben wird, einer radikalen kritischen Prüfung unterzogen werden: die Vernunft, und zwar die »reine« Vernunft, da nicht ihr Inhalt, sondern ihre Arbeitsweise untersucht werden soll. »Rein« ist die Vernunft hier insofern, als sie selbst gleichzeitig Gegenstand und Werkzeug der Untersuchung ist. Sie wird

zeit *meta ta physika* genannt. Eine transzendente, d. h. alle Erfahrung übersteigende Metaphysik ist aber nach Kant eine Illusion unserer Vernunft. Er versteht Metaphysik nun als Transzendentalphilosophie, d. h. als Wissenschaft von den in der Erfahrung selbst erkennbaren Voraussetzungen und Bedingungen, die der Erfahrung vorausliegen, also apriorisch sind.

nicht von einer Instanz, die außerhalb ihrer liegt, in den Blick genommen, weder von einer metaphysisch postulierten Erstursache (Gott) noch von seiten empirischer Gegebenheiten.

Es ist ein spezifisches Vermögen der Vernunft, sich gleichzeitig, während sie tätig ist, gleichsam über sich selbst zurückzubeugen (lateinisch *reflectere*) und die eigene Tätigkeit zu reflektieren. Die Vernunft ist also zur Selbsterkenntnis veranlagt, und Kant setzt voraus, dass der Wille und das strukturelle Vermögen der Vernunft zur Beurteilung der eigenen Fähigkeit vorhanden sind: »Denn das hat die reine spekulative Vernunft Eigentümliches an sich, daß sie ihr eigen Vermögen … ausmessen, und auch selbst die mancherlei Arten, sich Aufgaben vorzulegen, vollständig vorzählen, und so den ganzen Vorriß zu einem System der Metaphysik verzeichnen kann und soll …« (KrV B XXIII)

Unter dieser Voraussetzung versteht Kant unter dem Titel seines Werkes die Kritik »des Vernunftvermögens überhaupt, in Ansehung aller Erkenntnisse, zu denen sie, unabhängig von aller Erfahrung, streben mag, mithin die Entscheidung der Möglichkeit oder Unmöglichkeit einer Metaphysik überhaupt und die Bestimmung sowohl der Quellen, als des Umfanges und der Grenzen derselben, alles aber aus Prinzipien«. (KrV A XII) Kritik bedeutet hier im Übrigen nicht Aburteilung, sondern Unterscheidung. Es soll wie vor dem Richterstuhl unterschieden und beurteilt werden, in welchem Sinne und in welchem Maße der rationalistische Dogmatismus und der empiristische Skeptizismus, die im Widerspruch zueinander stehen, jeweilig recht haben.

Auch der Begriff der Metaphysik wird durch Kant verändert. Traditionell zielt Metaphysik auf die ersten Gründe bzw. die letzten Dinge wie Gott, Seele, Freiheit, Unsterblichkeit. Kant versteht Metaphysik nun eher als die Wissenschaft von der Bestimmung menschlichen Erkenntnisvermögens.

---

**Vernunft**: Im weiteren Sinne ist sie »das ganze obere Erkenntnisvermögen« und umfasst den Verstand und die Vernunft im engeren Sinne. Im weiteren Sinne ist die Vernunft das Vermögen apriorischer Erkenntnis, wobei sie den Zusammenhang und die abschließende Einheit des Wissens und des Handelns herzustellen sucht. Die Vernunft im engeren Sinne bringt das vom Verstand bereits Bearbeitete »unter die höchste Einheit des Denkens«. Sie gibt der Vielfalt der Verstandeserkenntnisse eine Einheit a priori durch Rückbezug auf gemeinsame Prinzipien. Kant nennt die Vernunft im engeren Sinne deshalb auch »Ver-

37 Kopernikus unternahm den entscheidenden Schritt zur Entwicklung der gültigen astronomischen Theorie. Durch sein Modell gelang es, die jahrhundertealte Annahme zu widerlegen, dass sich die Sonne um die Erde dreht.

## Die Hypothese: Das Subjekt »bestimmt« das Objekt

Kant stellt sich die Frage, ob einer so verstandenen Metaphysik ein wissenschaftlich haltbares Fundament verschafft werden kann, indem sie einer vergleichbaren »Revolution der Denkart« unterzogen wird, wie sie Kopernikus vollbrachte, als er die Theorie des »natürlichen Bewußtseins«, die Sonne drehe sich um die Erde, widerlegte. Kopernikus hatte erfolgreich versucht, den Aporien jener Theorie zu entkommen, indem er die Vorstellung des natürlichen Bewusstseins auf den

mögen der Einheit der Verstandesregeln unter Prinzipien«. Wie sich der Verstand zu den in den Sinnen gegebenen Daten verhält, so verhält sich die Vernunft zu den vom Verstand erarbeiteten Erkenntnissen.

Kopf stellte und somit den entscheidenden Schritt zur Entwicklung der gültigen astronomischen Theorie tat.

In der Vorrede zur zweiten Auflage der ›Kritik der reinen Vernunft‹ heißt es: »Man versuche es daher einmal, ob wir nicht in den Aufgaben der Metaphysik damit besser fortkommen, daß wir annehmen, die Gegenstände müssen sich nach unserer Erkenntnis richten ... Es ist hiermit eben so, als mit den ersten Gedanken des Kopernikus bewandt, der, nachdem es mit der Erklärung der Himmelsbewegungen nicht gut fort wollte, wenn er annahm, das ganze Sternheer drehe sich um den Zuschauer, versuchte, ob es nicht besser gelingen möchte, wenn er den Zuschauer sich drehen, und dagegen die Sterne in Ruhe ließ. In der Metaphysik kann man nun, was die Anschauung der Gegenstände betrifft, es auf ähnliche Weise versuchen. Wenn die Anschauung sich nach der Beschaffenheit der Gegenstände richten müßte, so sehe ich nicht ein, wie man a priori von ihr etwas wissen könne; richtet sich aber der Gegenstand (als Objekt der Sinne) nach der Beschaffenheit unseres Anschauungsvermögens, so kann ich mir diese Möglichkeit ganz wohl vorstellen.« (KrV B XVIf.)

Daraus ergibt sich die Aufgabe, die Bedingungen der Möglichkeit zur Gewinnung objektiver Erkenntnisse, die im erkennenden Subjekt liegen, zu untersuchen. Die Hypothese lautet, dass die strukturelle Beschaffenheit des Subjekts die Struktur des Erkenntnisgegenstandes bestimmt. Wichtig ist, dass mit der strukturellen Beschaffenheit keineswegs die empirische Konstitution des Subjekts gemeint ist, also weder die Struktur des Gehirns noch die stammesgeschichtliche Entwicklung des *homo sapiens* noch soziale Manifestationen u. ä. Vielmehr reflektiert das empirische Subjekt die Bedingungen seiner Verstandeshandlung, vollzieht so in sich einen Überstieg (von lateinisch *transcendere* = übersteigen) über das em-

Der Philosoph muß also bestimmen können, erstens: die Quellen des menschlichen Wissens; zweitens: den Umfang des Wissens, und endlich drittens: die Grenzen der Vernunft. Das letztere ist das nötigste, aber auch das schwerste. *Immanuel Kant* pirische Subjekt »zurück« zu dem deshalb so genannten transzendentalen Subjekt und »entdeckt« dessen strukturelle Verfasstheit, der gemäß Objekte erkannt werden.

Objekte werden also nicht, wie es das »natürliche Bewusstsein« annimmt, als Dinge an sich erkannt. Der Verstand bestimmt sie vielmehr entsprechend der ihm eignenden Verfasstheit. Die Allgemeinheit und die Notwendigkeit, die wir verlangen, um sinnvoll von objektiver Erkenntnis sprechen zu können, rührt nicht von den Gegenständen her, sondern von der Struktur des denkenden Subjekts. Insofern weiß das erkennende Subjekt, indem es mit Dingen befasst ist, nichts über Dinge an sich, sondern nur insoweit sie ihm als Erscheinungen begegnen. Diese kopernikanische Umwälzung der Annahmen unseres Alltagsbewusstseins ist Kants Hypothese. Wie kann er sie beweisen?

## Die sprachliche Form wahrer Erkenntnis: Synthetische Urteile a priori

Zunächst untersucht Kant die in der Mathematik und den reinen Naturwissenschaften üblichen Wege, Erkenntnisse zu gewinnen, um sodann anhand der entsprechenden Ergebnisse die Metaphysik zu untersuchen. Er trifft zwei Unterscheidungen, die bis heute ihre zentrale Bedeutung nicht verloren haben:

1. Erkenntnisse sind entweder a posteriori oder a priori gültig.
2. Urteile sind entweder analytisch oder synthetisch.

A posteriori heißt »vom späteren« und soll besagen, dass hier die Erkenntnis in den Sinneseindrücken gründet. A priori heißt

---

**Ding an sich**: Die absolute Realität, d. h. die Wirklichkeit, wie sie für sich selbst, unabhängig von aller Erfahrungsmöglichkeit, besteht. So ist das Ding an sich nicht erkennbar; wir erkennen es nur in den Anschauungsformen Raum und Zeit und in den Denkformen (Kategorien) des Verstandes.

**a priori:** im Vorhinein; unabhängig von Erfahrung; logisch der Erfahrung vorausliegend. Kennzeichen apriorischer Begriffe sind Allgemeinheit und Notwendigkeit ihrer Geltung.

**a posteriori:** im Nachhinein; durch die Sinne vermittelt; aus Erfahrung geschöpft.

»vom früheren« und meint, dass es sich hier um Erkenntnisse handelt, denen »gar nichts Empirisches beigemischt ist«, die also nicht bloß »von dieser oder jener, sondern die *schlechterdings* von aller Erfahrung unabhängig stattfinden«. (KrV B 2f.)

Kant übernimmt denn auch den seit Platon und Aristoteles geltenden strengen Maßstab für wirkliches Wissen bzw. wirkliche Erkenntnis gegenüber bloßer Meinung. Demnach ist erstens Notwendigkeit zu fordern, nach der etwas nicht anders sein kann, als es ist, und zweitens Allgemeinheit, d.h. es darf keinerlei Ausnahme geben. Diese beiden Kriterien können aber in Sinneserfahrung begründete Erkenntnisse nicht erfüllen. Empirisch Erfasstes könnte immer auch anders sein, nach aller Erfahrung bestätigen Ausnahmen bekanntlich die Regel. Wahres Wissen kann deshalb nicht von Erkenntnissen a posteriori, sondern nur von solchen a priori erwartet werden.

In der zweiten Unterscheidung, zwischen analytischen und synthetischen Urteilen, meint Kant zunächst einmal mit »Urteil« nicht einen psychischen oder rechtlichen Vollzug oder gar eine Bewertung, sondern schlicht eine Aussage oder Behauptung. Urteile sind die sprachliche Form, in der sich Erkenntnisse ausdrücken und in der sie sich einer Kritik unterziehen lassen. Urteile sind analytisch, wenn sie in dem, was sie aussagen, nichts Weiteres bringen, als was in dem erläuterten Begriff bereits enthalten ist, wenn also die Aussage (Prädikat) eines Satzes dem, was die Analyse des Satzgegenstands (Subjekts) besagt, nichts hinzufügt. Dass jeder Schimmel weiß ist, steckt bereits im Begriff Schimmel; dass jeder Körper ausgedehnt ist, ebenso im Begriff Körper. Hier müssen lediglich die logischen Gesetze beachtet werden; nach Kant genügt hier die Beachtung des Satzes vom Widerspruch.

Synthetisch sind dagegen alle anderen Urteile, insofern ihre Aussagen etwas hinzufügen, das über das hinausgeht, was be-

> Man nehme den Satz: Alles, was geschieht, hat seine Ursache. In dem Begriff von etwas, das geschieht, denke ich zwar ein Dasein, vor welchem eine Zeit vorhergeht usw. und daraus lassen sich analytische Urteile ziehen. Aber der Begriff einer Ursache liegt ganz außer jenem Begriffe, und zeigt etwas von dem, was geschieht, Verschiedenes an, ist also in dieser letzteren Vorstellung gar nicht mit enthalten … Nun beruht auf solchen synthetischen d.i. Erweiterungs-Grundsätzen die ganze Endabsicht unserer spekulativen Erkenntnis a priori. *Immanuel Kant*

reits im Satzgegenstand enthalten ist; die Aussage solcher Sätze ist also eine Synthese aus Subjekt und Prädikat. Während analytische Urteile unser Wissen nicht eigentlich erweitern, sondern lediglich erläutern, erfahren wir durch synthetische Urteile tatsächlich etwas Neues. Schematisch ergeben sich aus den Paaren a posteriori/a priori und analytisch/synthetisch folgende vier Kombinationen: 1. analytische Urteile a posteriori; 2. analytische Urteile a priori; 3. synthetische Urteile a posteriori und 4. synthetische Urteile a priori. Die erste Kombination ist allerdings nicht wirklich möglich, denn sie ist ein Widerspruch in sich; analytische Urteile können nur apriorisch sein. Die zweite Kombination ist fraglos möglich, denn hier wird lediglich durch reine Denktätigkeit ein bereits vollständig vorliegender Inhalt erläutert. Aber analytische Urteile a priori erweitern eben unser Wissen auch nicht wirklich. Die dritte Kombination ist ebenfalls problemlos möglich. Zusammengesetzte Urteile, auf Erfahrung basierend, erweitern unser Wissen, aber nur im Rahmen der Plausibilität. Sie erfüllen auf Grund ihrer Empirie-Gebundenheit die genannten strengen Kriterien für »wahre« Erkenntnisse (Allgemeinheit und Notwendigkeit) nicht.

Die für den Bestand von Metaphysik als Wissenschaft alles entscheidende Frage lautet nun: »Wie sind synthetische Urteile a priori möglich?«. (KrV B 19) Denn nur solche würden unser Wissen wirklich erweitern, und zwar unabhängig von aller Erfahrung (denn darum geht es ja in der Metaphysik) und gemäß den strengen Kriterien für Wahrheit. Die Untersuchung, die das zeigen soll, nennt Kant »transzendental«; hier vollzieht sich also ein Rückstieg der erkennenden Vernunft in die Bedingungen der eigenen apriorischen Konstitution, die Erfahrung überhaupt erst ermöglichen: »Ich nenne alle Erkenntnis transzendental, die sich nicht sowohl mit Gegenständen, sondern mit unserer Erkenntnisart von Gegenstän-

Was will ich? fragt der Verstand. Worauf kommts an? fragt die Urteilskraft. Was kommt heraus? fragt die Vernunft.

*Immanuel Kant*

den, sofern diese a priori möglich sein soll, überhaupt beschäftigt.« (KrV B 25) (Im Gegensatz dazu hat »transzendieren« in der traditionellen Metaphysik die Bedeutung, die Grenze des Erfahrbaren in eine jenseits der Empirie liegende »Welt« zu »übersteigen«; »transzendent« ist somit, was dieser jenseitigen Welt zugehört.)

Die ›Kritik der reinen Vernunft‹ gliedert Kant in die transzendentale Ästhetik und die transzendentale Logik, letztere unterteilt er wiederum in transzendentale Analytik und transzendentale Dialektik.

Die transzendentale Ästhetik behandelt die sinnliche Anschauung, und zwar ihre reinen Formen Raum und Zeit als Bedingungen der Möglichkeit von Anschauung. In der transzendentalen Analytik geht es 1. um die Analytik der Begriffe, speziell um die Herleitung der reinen Begriffe, mit denen der Verstand die Erscheinungen bestimmt, und 2. um die Analytik der Grundsätze, mit denen die Urteilskraft arbeitet, die für Kant neben Sinnlichkeit und Verstand ein drittes Erkenntnisvermögen darstellt. Den Abschluss des Buches bildet eine transzendentale Methodenlehre.

## Die drei Erkenntnisvermögen: Sinnlichkeit, Verstand, Urteilskraft

Wenn »wahre« Erkenntnis die sprachliche Form von synthetischen Urteilen a priori haben muss, so müssen in diese »Verbindung« auch zwei grundsätzlich verschiedene »Erkenntnisstämme« einfließen, nämlich Sinnlichkeit und Verstand. Beide müssen dafür jedoch ihrer Konstitution nach miteinander verbunden werden können, d.h. sie müssen Elemente enthalten, mit denen die Vernunft eine Synthese zustande bringen kann.

> Die transzendentale Ästhetik ist ein so überaus verdienstvolles Werk, daß es allein hinreichen könnte, Kants Namen zu verewigen. Ihre Beweise haben so volle Überzeugungskraft, daß ich die Lehrsätze derselben den unumstößlichen Wahrheiten beizähle, wie sie ohne Zweifel auch zu den folgenreichsten gehören, mithin als das Seltenste auf der Welt, nämlich eine wirkliche, große Entdeckung in der Metaphysik, zu betrachten sind.
>
> *Arthur Schopenhauer, ›Die Welt als Wille und Vorstellung‹, 1819*

38 »Nein, tu es nicht!«

In der transzendentalen Ästhetik legt Kant deshalb zunächst die Voraussetzung der Sinneserfahrung dar.

Sinnlichkeit nennt Kant das Vermögen, von einem Gegenstand affiziert werden zu können. Dieser Aufnahmefähigkeit entspricht die Wirkung, die der Gegenstand im Gemüt hinterlässt und die Empfindung genannt wird. Die Beziehung zwischen Empfindung und Gegenstand ist empirisch; in der empirischen Anschauung wird der begrifflich (nicht psychisch!) noch unbestimmte Gegenstand zur Erscheinung gebracht. Des-

**Anschauung**: Unmittelbares und »hinnehmendes Vernehmen« eines anwesenden einzelnen Gegenstandes mittels der fünf Sinne (daher auch »sinnliche« Anschauung). Die »reine« Anschauung ist die Form, in der sich diese Empfindungen verknüpfen und ordnen.

halb wird er in diesem »Stadium« Erscheinung genannt. Die empirische Anschauung kann jedoch nicht anders als in Raum und Zeit vollzogen werden, die Kant deshalb »reine«, d.h. vorempirische Anschauungsformen nennt.

Raum und Zeit als apriorische Formen der Anschauung sind daher auf der Seite des Erkenntnisstamms »Sinnlichkeit« jene gesuchten verbindbaren Elemente, die für synthetische Urteile a priori benötigt werden: »Hier haben wir nun eines von den erforderlichen Stücken zur Auflösung der allgemeinen Aufgabe der Transzendentalphilosophie: *Wie sind synthetische Sätze a priori möglich*? nämlich reine Anschauungen a priori, Raum und Zeit, in welchen wir, wenn wir im Urteile a priori über den gegebenen Begriff hinausgehen wollen, dasjenige antreffen, was nicht im Begriffe, wohl aber in der Anschauung, die ihm entspricht, a priori entdeckt werden und mit jenem synthetisch verbunden werden kann, welche Urteile aber aus diesem Grunde nie weiter, als auf Gegenstände der Sinne reichen, und nur für Objekte möglicher Erfahrung gelten können.« (KrV B 73)

Es fragt sich nun, welche apriorischen Elemente auf seiten des zweiten Erkenntnisstamms, des Verstandes, jenen der sinnlichen Anschauung so entsprechen, dass eine Synthese möglich wird: »Weil ich aber bei diesen Anschauungen, wenn sie Erkenntnisse werden sollen, nicht stehenbleiben kann, sondern sie als Vorstellungen auf irgend etwas als Gegenstand beziehen und diesen durch jene bestimmen muss, so kann ich entweder annehmen, die *Begriffe*, wodurch ich diese Bestimmung zustande bringe, richten sich nach dem Gegenstande, und dann bin ich wiederum in derselben Verlegenheit, wegen der Art, wie ich a priori hiervon etwas wissen könne; oder ich nehme an, die Gegenstände oder, welches einerlei ist, die *Erfahrung*, in welcher sie allein (als gegebene Gegenstände) erkannt werden, richte sich nach diesen Begriffen, so sehe ich sofort ei-

---

**Verstand:** Der Verstand hat die Fähigkeit zur »Spontaneität«, zur geistigen Selbsttätigkeit, die aber den Anstoß durch Empfindung und Anschauung braucht. Verstand ist das Vermögen der Erkenntnis durch Vergleichen, Analysieren, Abstrahieren und Schlussfolgern. Er sucht alles in den Sinnen Gegebene einheitlich zu verknüpfen, d.h. unter Gesetze zu bringen. Kant nennt deshalb den Verstand auch das »Vermögen der Regeln«.

ne leichtere Auskunft, weil Erfahrung selbst eine Erkenntnisart ist, die Verstand erfordert, dessen Regel ich in mir, noch ehe mir Gegenstände gegeben werden, mithin a priori voraussetzen muß, welche in Begriffen ausgedrückt wird, nach denen sich also alle Gegenstände der Erfahrung notwendig richten und mit ihnen übereinstimmen müssen.« (KrV B XVIIf.)

Verstand nennt Kant das Vermögen der Vernunft, einen Gegenstand durch Begriffe zu bestimmen. Dadurch wird die in der Anschauung gegebene unbestimmte Mannigfaltigkeit der Erscheinungen auf bestimmte Objekte hin gedacht. Die Bestimmungstätigkeit des Verstandes in Bezug auf die Objekte ist »rein«, d. h. ohne Beimischung von Erfahrungsinhalten. Diese apriorischen Begriffe, mit denen der Verstand die Erscheinungen als Objekte bestimmt, nennt Kant – einen aristotelischen Begriff aufnehmend – »Kategorien«. Es sind die Stammbegriffe, von denen andere Begriffe abgeleitet, die aber ihrerseits nicht mehr abgeleitet werden können.

Wenn die Kategorien nicht abgeleitet sind, wie können sie dann entdeckt und präzise benannt werden? Kant geht hier auf die in der Wissenschaft von der formalen Logik ausgearbeiteten Formen von Urteilen zurück, die unter vier Gesichtspunkten eingeteilt werden: der Quantität, der Qualität, der Relation und der Modalität. Unter jedem dieser Gesichtspunkte kann die Form eines Urteils bestimmt werden, und zwar jeweils in drei Rubriken, so dass insgesamt zwölf Urteilsformen möglich sind. Da in den Urteilen sprachlich vollzogen wird, was der Verstand an Begriffsverknüpfung leistet, können an den Urteilsformen ebenso viele Kategorien abgelesen werden, mit denen der Verstand vor aller Erfahrung ausgestattet ist und den Erkenntnisakt konstituiert.

Kants Tafel der Urteilsformen (KrV B 95) und dementsprechend auch seine Kategorientafel (KrV B 106) sind übrigens bis

---

**Kategorie:** Die Kategorien sind reine Verstandesbegriffe, z. B. Möglichkeit, Dasein, Notwendigkeit, Substanz, Ursache. Sie sind nicht angeboren, sondern »aus den dem Geiste eingepflanzten Gesetzen abstrahiert«. Sie konstituieren gemeinsam mit den Anschauungsformen Raum und Zeit die Erfahrung, indem sie das Anschauungsmaterial »bestimmen«.

heute in der Fachwelt durchaus einschneidender Kritik und ebensolcher Gegenkritik ausgesetzt. Hier genügt es festzuhalten, dass Darstellung und Herleitung im Einzelnen zwar umstritten sein mögen, nicht aber das Grundprinzip, wie synthetische Urteile a priori – und damit »wahre« Erkenntnisse – zustande kommen. Nachdem nun einerseits die reinen Anschauungsformen Raum und Zeit als Elemente der Sinnlichkeit und andererseits die Kategorien als Elemente des Verstandes festgestellt sind, muss Kant nun zeigen, wie die Synthese zwischen ihnen vor sich geht. Kant leistet dies, indem er im Anschluss an die Analytik der Begriffe unter dem Titel »Analytik der Grundsätze« ein drittes Erkenntnisvermögen untersucht, nämlich die Urteilskraft, der er im Übrigen ein knappes Jahrzehnt später ein eigenes Werk, die ›Kritik der Urteilskraft‹ widmet.

Die Urteilskraft ist das Vermögen, unter Regeln zu subsumieren. So sind die empirischen Begriffe Regeln, mittels derer die Mannigfaltigkeit von Sinnesempfindungen »geordnet« wird. Unbestimmtes wird durch den formgebenden Begriff zum Bestimmten. Dabei vermittelt die Urteilskraft zwischen den beiden Erkenntnisstämmen Sinnlichkeit und Verstand, indem jeweilig in der Anschauung Gegebenes als unter diese oder jene Regel Fallendes begriffen wird.

Aufgrund der Urteilskraft werden beim »Eintreffen« des Anschauungsmaterials vom Verstand die zutreffenden und nicht beliebige Begriffe verwendet werden. Dies geschieht mittels Schemata, d. h. Vorstellungen, die gleichzeitig Anschauungs- und Begriffscharakter haben (z. B. Teller, worunter dann sämtliche Sorten von Tellern fallen, gleichgültig von welcher Form und aus welchem Material). Man kann auch sagen, dass die Urteilskraft die richtige Anwendung der Begriffe in der konkreten Situation ermöglicht. Regeln und Begriffe können und müssen theoretisch gelernt werden; es muss aber ebenso ei-

---

**Urteilskraft**: Mittlerinstanz zwischen Verstand und Vernunft. Sie ist das Vermögen, das Einzelne unter das Allgemeine einzuordnen, »unter Regeln zu subsumieren, d. i. zu unterscheiden, ob etwas unter einer gegebenen Regel stehe oder nicht«. Das apriorische Prinzip der Urteilskraft ist die Zweckmäßigkeit; es ist der Leitfaden zur Beurteilung von Erfahrungen in bezug auf irgendeine bestimmte Hinsicht. Darüber hinaus dient es dazu, den Zusammenhang einzelner Erfahrungen und allgemeiner Regeln oder Gesetze zu verstehen.

gens gelernt werden, sie situationsgerecht in der konkreten, vielfältigen und sich verändernden Wirklichkeit anzuwenden.

Es gibt im Übrigen nicht nur empirische, sondern auch transzendentale Schemata, die Kant entsprechend der Einteilung der Kategorien entwickelt. Beispiele sind etwa das Schema der Substanz oder das der Kausalität. Im Anschluss daran entwickelt Kant das »System aller Grundsätze des reinen Verstandes«, in dem beispielsweise das Kausalitätsprinzip, das Prinzip der Wechselwirkung und das der Beharrlichkeit der Substanz einen zentralen Platz einnehmen.

## Das transzendentale Selbstbewusstsein

Die drei Erkenntnisvermögen Sinnlichkeit, Verstand und Urteilskraft greifen also ineinander; denn die Mannigfaltigkeit von Vorstellungen – seien es Anschauungen oder Begriffe – muss zu einer Einheit gebracht werden. Was die Einheit herstellt, kann nun nicht aus der Erfahrung kommen; denn die Sinne nehmen nur auf, sie sind rezeptiv, nicht kreativ. Was also die Einheit von Anschauung und Begriff im Erkenntnisakt bewirkt, kann nicht auf der Seite des Objekts, sondern nur auf der Seite des Subjekts gesucht und gefunden werden. Es kann nur etwas sein, das »vor« der Verbindung der Kategorien mit den Vorstellungen der Anschauungen bzw. der Begriffe im erkennenden Subjekt liegt: es ist das transzendentale Selbstbewusstsein oder – wie Kant sich gern ausdrückt – die »transzendentale Apperzeption«.

Das transzendentale Selbstbewusstsein ist jene letzte, unhintergehbare Einheit, die – als Bedingung der Möglichkeit jeder einzelnen Verstandeshandlung – in dieser voraus- und mitgesetzt ist. Jeder Erkenntnisakt »hat« nicht nur ein Bewusst-

**transzendent:** übersteigend, hinausgehend über die Erfahrung und deren Möglichkeit. Transzendente Begriffe definieren etwas Undefinierbares, weil sie das absolut Unerfahrbare behandeln wie etwas Erfahrbares. Eine transzendente Erkenntnis ist nicht möglich, da nur das erkennbar ist, was der Konstitution des erkennenden Bewusstseins entspricht.

**transzendental:** die Voraussetzungen betreffend, die der Erfahrung logisch (nicht zeitlich und nicht psychisch) vorausliegen. Transzendentale Erkenntnis betrifft also die Bedingungen der Möglichkeit von Erfahrung.

sein von seinem Erkenntnisobjekt, er kann ebenso ein »begleitendes« Bewusstsein von sich selber haben. Anders ausgedrückt: Der Erkenntnisakt »hat« nicht nur einen Objektbezug, sondern auch einen Selbstbezug. Darin zeigt sich die ursprünglich-synthetische Einheit des transzendentalen Selbstbewusstseins: »Das: Ich *denke,* muß alle meine Vorstellungen begleiten *können;* denn sonst würde etwas in mir vorgestellt werden, was gar nicht gedacht werden könnte, welches eben so viel heißt als: die Vorstellung würde entweder unmöglich, oder wenigstens für mich nichts sein.« (KrV B 131f.)

Dieses »Ich denke« Kants ist übrigens nicht mit Descartes *res cogitans* zu verwechseln, die ja als eine empirisch sich selbst gegebene Substanz zu verstehen war. Überhaupt nicht empirisch-psychologisch ist das Ich hier gemeint. Weder handelt es sich um ein individuelles Selbst noch um ein personales Ich, sondern um das Subjekt von Bewusstsein überhaupt. Zum anderen ist hier der Cartesianische Dualismus von denkendem Subjekt und raumzeitlicher Objektwelt überwunden.

Denn der gleichursprüngliche Objekt- und Selbstbezug des transzendentalen Selbstbewusstseins zeigt die Einheit von Subjektivität und Objektivität, die es der Vernunft ermöglicht, mit den Kategorien des Verstandes die Erscheinungen der Sinneswahrnehmung als Objekte der Erkenntnis zu konstituieren.

In diesem Vorgang erweist sich aber noch zweierlei: einmal die unabdingbare Notwendigkeit und Allzuständigkeit (Universalität) der Kategorien und damit ihre objektive Gültigkeit, zum anderen die Beschränkung der Kategorien auf Gegenstände möglicher Erfahrung. Stark vergröbert lässt sich beides in einem Schlagwort zusammenfassen: Keine Erkenntnis ohne Kategorien, aber auch kein Gebrauch der Kategorien ohne Erfahrungsgegenstände. Deshalb konstituieren die Kategorien keineswegs bloße Gedankendinge, aber sie können

---

**Apperzeption:** Wahrnehmung seiner selbst als eines denkenden Subjekts. Transzendentale oder reine Apperzeption ist das ursprüngliche, stets identische Selbstbewusstsein. Es ist das Bewusstsein des »Ich denke«, das das Vorstellen und Begreifen begleitet und bedingt. Es ist die Beziehung der Vorstellungsinhalte auf das rein formale, also nicht inhaltlich bestimmte, sich stets gleich bleibende Bewusstsein.

auch nichts zur Erkenntnis bringen, was nicht erfahrbar ist. Kant wendet viel argumentative Mühe auf, um diesen Zusammenhang einsichtig zu machen.

## Die Vernunft und die Grenzen der Metaphysik

Dieser Aufweis bildet das Fundament bzw. den Ausgangspunkt für das zweite große Thema innerhalb der transzendentalen Logik, nämlich die transzendentale Dialektik. Hier stellt sich Kant der Aufgabe, die Notwendigkeit von Metaphysik darzustellen, nachdem er in der transzendentalen Analytik ihre Möglichkeit erwiesen hat. Gleichzeitig ist dabei aber nach Kant der transzendentale Schein zu entlarven, indem mit den Mitteln der soeben gewonnenen transzendentalen Erkenntniskritik auseinander gelegt wird (Dialektik von griechisch *dialegein* = auseinander legen), was im Rahmen der Metaphysik sinnvoll und was nur scheinbar möglich ist. Dabei stellt sich heraus, dass die klassische spekulative Metaphysik, die wahre Aussagen über eine jenseitige, übersinnliche Welt machen zu können glaubte, nicht länger sinnvoll betrieben werden kann. Metaphysik allerdings, die die Bedingungen der Möglichkeit objektiver, von der Sinneserfahrung gespeister Erkenntnis erforscht, ist sehr wohl möglich und auch notwendig.

Dies ist nun das Gebiet der Vernunft als »oberster Erkenntniskraft«. Das ist sie deshalb, weil sie jenes »Erkenntnisorgan« ist, dessen Interesse nicht auf das Bedingte und seine Bedingungen, sondern auf das Unbedingte zielt. Aber – so Kant – das Unbedingte muss zwar gedacht werden, aber es kann nicht erkannt werden. Denken müssen wir es schon aus der Erfahrung der Begrenztheit unserer Erfahrung und unseres verstandesmäßigen Verstehens heraus. Aber erkennen könnten wir das Unbe-

Die Vernunft wird durch einen Hang ihrer Natur getrieben, über den Erfahrungsgebrauch hinauszugehen, sich in einem reinen Gebrauche und mittels bloßer Ideen zu den äußersten Grenzen aller Erkenntnis hinauszuwagen und nur allererst in der Vollendung ihres Kreises, in einem für sich bestehenden systematischen Ganzen Ruhe zu finden.

*Immanuel Kant*

dingte nur, wenn sich die Vernunft »vor« dem Unbedingten als konstitutive Bedingung von dessen Möglichkeit zeigen würde. Das aber wäre ein Widerspruch in sich selbst.

Es bleibt nur anzuerkennen, so Kant, dass die Vernunft drei notwendige transzendentale Ideen hervorbringt, nämlich Unsterblichkeit, Freiheit und Gott. Aber er zeigt dann in einer umfangreichen Erörterung, dass und warum die Vernunft deren Existenz prinzipiell weder beweisen noch widerlegen kann. Der entscheidende Grund wurde bereits genannt: Alle Erkenntnis bleibt gebunden an die beiden Bedingungen sinnliche Anschauung und Verstandeskategorien. Diese Bedingungen sind beim Versuch der Erkenntnis des Unbedingten (einer Idee) nicht gegeben. Dass die Vernunft jedoch natürlicherweise solchen »absoluten« Erkenntnisinhalten zuneigt, ist nicht etwa Ergebnis falscher Argumentation, fehlerhafter Schlussfolgerungen und erst recht nicht etwa einer bewussten Irreführung, sondern basiert vielmehr auf einer Zweideutigkeit des Denkens, die in der Natur der Vernunft selbst wurzelt. Die transzendentale Täuschung, die den spekulativen Schein vom Unbedingten hervorbringt, besteht darin, dass das natürliche Bewusstsein das Fortschreiten von der bedingten und bedingenden Ursachenkette zum Unbedingten lediglich für eine Ausweitung des reinen Verstandes hält. Damit wird aber – wie wir aus der transzendentalen Ästhetik und Analytik gelernt haben – die Illusion erzeugt, die Grenzen möglicher Erfahrung überschreiten zu können.

Der Schein als Schein hat seine objektive Realität. Dies ist ja auch der Fall bei einer optischen Täuschung – sei es eine Fata Morgana, sei es ein Stock, der ins Wasser gehalten wird und dabei als gebrochen erscheint: Das Bild ist real auf meiner Netzhaut, und es liegt ihm auch eine objektive Realität zu Grunde, allerdings eine ganz andere als das natürliche, »naive« Bewusst-

---

**Die transzendentalen Ideen** sind reine Vernunftbegriffe. Sie beziehen sich auf das Unbedingte, das die Totalität der Bedingungen Umfassende. Insofern überschreiten sie die Erfahrung und können für die Erkenntnis von Objekten nicht konstitutiv sein wie die Verstandesbegriffe. Stattdessen sind die Ideen »regulative« Begriffe; sie wirken als oberste Gesichtspunkte der weiteren Verarbeitung und Systematisierung des vom Verstand bereits bestimmten Anschauungsmaterials. Die Ideen ermöglichen einen systematischen Erfahrungszusammenhang, indem sie die Erkenntnis auf das Ganze und das Unbedingte sein annimmt. Denken wir an Platons Höhlengleichnis zurück: Auch die Schatten der Dinge haben objektive Realität, allerdings eine ganz andere, als die Gefesselten denken. Im Hinblick auf Kant müsste das Höhlengleichnis jedoch völlig neu konzipiert werden, vielleicht so, dass die Gefesselten sehr wohl den Kopf drehen (reflektieren) und so hinter sich in das Licht (die Ideen) blicken könnten. Sie wären aber nicht imstande, über die »obere« Welt irgendeine wahre Erkenntnis auszumachen, weil ihnen dazu die Erfahrungsgrundlage definitiv fehlte.

Die Zweideutigkeit des Denkens, die Kant in der Natur der Vernunft begründet sieht, liegt eben in der Tatsache, dass auch dem bloßen Gedankending zunächst vermeintlich objektive Realität zukommt, weil das Denken, das es denkt, in der Tat real ist. Einsichtig wird diese Zweideutigkeit im Allgemeinen und dann auch in jedem speziellen Beispielfall nur durch die Anwendung der transzendentalen Methode, wie sie in der ganzen ›Kritik der reinen Vernunft‹ entwickelt und abschließend in einer systematischen Methodenlehre dargestellt wird.

## Kritik der Gottesbeweise

Die Anwendung der transzendentalen Methode durch Kant wollen wir hier exemplarisch und doch in der gebotenen Kürze an seiner Kritik der klassischen drei Gottesbeweise zeigen, zumal diese Kritik die spätere Ausgangsbasis bildet für seine Überlegungen über ›Die Religion innerhalb der Grenzen der bloßen Vernunft‹.

39 Anselm von Canterbury (1033–1109)

ausrichtet, von dem aber nicht als einer Erfahrungsrealität ausgegangen werden kann.

Der berühmteste ist der »ontologische Gottesbeweis« des bereits erwähnten Anselm von Canterbury:

1. Prämisse: Gott kann nur als vollkommenes und notwendiges Wesen gedacht werden.
2. Prämisse: Zur Vollkommenheit und Notwendigkeit gehört auch die Existenz.
Resultat: Also existiert Gott.

Kant macht gegen diese Schlussfolgerung den Unterschied zwischen den verschiedenen Realitätsebenen geltend. Die Realität einer Aussage ist eine andere als die Realität der Dinge, und die Beziehung zwischen beiden ist zu klären. Eine Triangel – so Kants Beispiel – ist ein Dreieck und hat als solches notwendigerweise drei Winkel. Dies ist ein notwendiges Urteil und hat als solches seine Realität, nämlich im Denkakt. Daraus folgt aber keineswegs, dass eine Triangel (bzw. ein Dreieck) vorhanden ist. Bloß weil mein Denken »Dreieck« notwendigerweise mit drei Winkeln begrifflich fasst, wird aus diesem Begriff noch keine Existenz.

Zu prüfen bleibt, ob das auch zutrifft, wenn es sich nicht um ein Dreieck oder eine Triangel handelt, sondern um ein Wesen, das, wenn es überhaupt gedacht wird, als »daseinsnotwendig« gedacht werden muss. Aber das Ergebnis bleibt auch in diesem Fall gleich: »... es kann daher zu dem Begriffe, der bloß die Möglichkeit ausdrückt, darum, dass ich dessen Gegenstand als schlechthin gegeben (durch den Ausdruck: er ist) denke, nichts weiter hinzukommen. Und so enthält das Wirkliche nichts mehr als das bloß Mögliche. Hundert wirkliche Taler enthalten nicht das mindeste mehr als hundert mögliche.« (KrV B 627) So wie es keinen Unterschied macht, ob gedachte hundert mögliche Taler oder gedachte hundert

Es gibt keinen theoretischen Glauben an das Übersinnliche. In praktischer Bedeutung aber ist ein Glaube an das Übersinnliche nicht allein möglich, sondern er ist sogar mit dieser unzertrennlich verbunden. Denn die Summe der Moralität in mir ist dennoch mit unverkennbarer Wahrheit und Autorität gegeben, welche aber einen Zweck gebietet, der, ohne eine darauf hinwirkende Macht eines Weltherrschers, durch meine Kräfte allein unausführbar ist.

*Immanuel Kant*

wirkliche Taler in meinem Portemonnaie nicht existieren, so macht es keinen Unterschied, ob ich Gott als möglichen Begriff oder als daseinsnotwendigen Begriff denke: es bleibt ein möglicher Gedanke, und das Dasein, um das es sich hier handelt, ist nichts als das Dasein eines möglichen Gedankens.

Der zweite, der »kosmologische« Gottesbeweis, der seiner Grundfigur nach auf Aristoteles zurückgeht und von Thomas von Aquin neu gefasst wurde, schließt nicht vom Begriff Gott auf das Dasein Gottes, sondern umgekehrt vom Dasein des Kosmos auf Gott: Alles Zufällige oder Bedingte hat eine Ursache, die selbst von einer Ursache bedingt ist. Damit die Kausalkette überhaupt funktionieren kann, muss es an ihrem Ende eine unbedingte, absolute, in sich notwendige Ursache geben. Hier ist der zentrale Einwand Kants, dass das Unbedingte einerseits nur als jenseits der Welt Befindliches gedacht werden kann, andererseits aber auch nur als (wenn auch letztes) Glied der uns bekannten bedingten Ursachenkette. Hier treffen wir wieder auf eine Zweideutigkeit, nämlich dass die Vernunft dazu neigt, die Reihe der Kausalität auf ein »Jenseits der Welt« auszudehnen, Kausalität aber nur empirisch vorstellbar ist: »Die unbedingte Notwendigkeit, die wir, als den letzten Träger aller Dinge, so unentbehrlich bedürfen, ist der wahre Abgrund für die menschliche Vernunft.« (KrV B 641)

Der dritte klassische Gottesbeweis – den Kant den physikotheologischen nennt und der üblicherweise teleologischer Gottesbeweis heißt (von griechisch *telos* = Ziel) – schließt von der zweckmäßigen Ordnung der Natur auf einen ersten (und obersten) dafür Verantwortlichen sowie auf einen letzten umfassenden Zweck. Kant wendet hier gemäß der transzendentalen Logik ein, dass es zwar zulässig sei, auf ein oberstes Glied der Zweckkette des Kosmos zu schließen, aber: »Würde das höchste Wesen in dieser Kette der Bedingungen ste-

> Entdeckte das Denken im Wechselspiel der Erscheinungen ewige Beziehungen, die sie und das Denken selbst einem einzigen Prinzip unterordnen, dann könnten wir von einem Glück des Geistes sprechen ... Dieses Heimweh nach der Einheit, dieses Verlangen nach dem Absoluten enthüllt das wesentliche Agens des menschlichen Dramas. Nur bedeutet das tatsächliche Vorhandensein dieses Heimwehs nicht, daß es unverzüglich gestillt werden müsse.
>
> *Albert Camus*

hen, so würde es selbst ein Glied der Reihe derselben sein, und, eben so, wie die niederen Glieder, denen es vorgesetzt ist, noch fernere Untersuchung wegen seines noch höheren Grundes erfordern. Will man es dagegen von dieser Kette trennen, und, als ein bloß intelligibles Wesen, nicht in der Reihe der Natursachen mitbegreifen: welche Brücke kann die Vernunft alsdenn wohl schlagen, um zu demselben zu gelangen? Da alle Gesetze des Überganges von Wirkungen zu Ursachen, ja alle Synthesis und Erweiterung unserer Erkenntnis überhaupt auf nichts anderes, als mögliche Erfahrung, mithin bloß auf Gegenstände der Sinnenwelt gestellt sein und nur in Ansehung ihrer eine Bedeutung haben können.« (KrV B 649f.)

Schließlich – so meint Kant – könnte dieser Beweis »höchstens einen *Weltbaumeister*, der durch die Tauglichkeit des Stoffs, den er bearbeitet, immer sehr eingeschränkt wäre, aber nicht einen *Weltschöpfer*, dessen Idee alles unterworfen ist« (KrV B 655) erschließen. So bleiben nach Kant das Dasein Gottes ebenso wie seine Attribute letztlich weder beweisbar noch widerlegbar: »Das höchste Wesen bleibt also für den bloß spekulativen Gebrauch der Vernunft ein bloßes, aber doch *fehlerfreies Ideal*, ein Begriff, welcher die ganze menschliche Erkenntnis schließt und krönet, dessen objektive Realität auf diesem Wege zwar nicht bewiesen, aber auch nicht widerlegt werden kann …« (KrV B 669)

Dies liegt im Bauprinzip der Vernunft selbst begründet. Während der Verstand die ihm vorliegenden Sinnesempfindungen mit seinen Kategorien zu einer Einheit verbinden und durch Vermittlung der Urteilskraft einer Einordnung unterziehen, kurz: Realität als objektiv konstituieren kann, vermag die Vernunft nur auf den Verstand und seine Begriffe zurückzugreifen, um sie mit den transzendentalen Ideen zu verbinden. Dabei haben die Ideen allerdings keinen konstitutiven,

---

Wenn die menschliche Natur zum höchsten Gute zu streben bestimmt ist, so muß auch das Maß ihres Erkenntnisvermögens zu diesem Zwecke dienlich angenommen werden. Nun beweist aber die Kritik der reinen spekulativen Vernunft die größte Unzulänglichkeit derselben. Also scheint die Natur hier uns nur stiefmütterlich mit einem zu unserem Zwecke benötigten Vermögen versorgt zu haben.

*Immanuel Kant*

sondern nur regulativen Charakter. Am Beispiel der Gottesbeweise haben wir es gesehen: Paralogismen (Fehlschlüsse) und Antinomien (Widersprüche) sind die Folge der »problematischen« Konstruktion unseres Erkenntnisorgans Vernunft. Hier liegt der Grund dafür, dass die Vernunft auch Erkenntnisse dort zu gewinnen sucht, wo dies nicht möglich ist. Diesen Schein zwar nicht definitiv beseitigen zu können, immerhin aber als solchen systematisch-methodisch zu erkennen, ist mit Kants transzendentaler Philosophie möglich geworden.

## Erkennen als kreativer Akt

Gibt es »wahre« Erkenntnisse? Ja. Aber sie liegen nicht irgendwo und irgendwann vor, sondern sie müssen erarbeitet werden. Es wird auch kein Abbild von einem vorausliegenden Urbild oder von einer fertig existierenden Realität genommen. Es wird keine Brücke geschlagen zwischen einer vorliegenden, bewusstseinsunabhängigen Objektwelt und einem davon affizierten Subjekt, das die Objekte nur in möglichst unverfälschter Form als Denk-

40 René Magritte, ›La Condition Humaine‹ – Der Beobachter schafft die Wirklichkeit, die er beobachtet.

41 Was der Einzelne erkennt, entstammt seiner Erfahrung und seiner Perspektive; »das Ganze« wäre nur einem vollständig distanzierten Beobachter erkennbar.

bilder aufzunehmen hätte. Es findet auch keine wodurch auch immer in Gang gebrachte Angleichung zwischen Subjekt und Objekt statt wie bei Thomas von Aquin. Vielmehr konstituiert das Subjekt das Objekt, aber nicht aus dem Nichts, wie der Radikale Konstruktivismus nahe legt, sondern angeregt von dem »Stoff«, den uns die Sinne anliefern. Spontan »schafft« das Subjekt im Erkenntnisakt sein Objekt, aber nicht nach Belieben, sondern nach den Kategorien und Regeln, die diesem »Schöpfungsakt« Richtung und Prägung geben.

Die Subjekt-Objekt-Spaltung, die auf Descartes zurückgeht, ist bei Kant insofern überwunden, als das Objekt nicht nur als Erkenntnisobjekt im Subjekt erscheint, sondern auch umge-

---

Durch einen Fehler im Beobachten war er [Kant] auf eine besondere Hypothese über die Erzeugung und Vermehrung der Wanzen geraten, die er aber für feste Wahrheit hielt. Er hatte nämlich in einer andern Wohnung zur Abhaltung der Sonnenstrahlen die Fensterladen stets geschlossen gehalten, vergaß aber bei einer kleinen Reise aufs Land, vor seiner Abreise die Fensterladen vorlegen zu lassen, und fand bei seiner Zurückkunft sein Zimmer mit Wanzen besetzt. Da er nun glaubte, vorher keine Wanzen gehabt zu haben, so machte er den Schluß: das Licht müsse zur Existenz und zum Fortkommen kehrt das Subjekt mit seinen Kategorien diese Erscheinung strukturiert.

Das Subjekt als die bewusstseinsmäßig setzende Instanz behauptet zwar seinen Primat über das Objekt; trotzdem handelt es sich nicht um reinen Subjektivismus oder gar Individualismus. Zum einen ist das erkennende Subjekt an das Material der Sinnlichkeit gebunden. Zum anderen aber ist bei Kant der Leibnizsche Solipsismus überwunden, indem für die einzelnen Verstandeshandlungen aller einzelnen Subjekte gilt, dass sie jeweils gleichsam umgriffen sind von der Vernunft des transzendentalen Selbstbewusstseins. Das Erkennen der Objekte geschieht mittels der dem Verstand eignenden kategorialen Struktur, deren Allgemeinheit eben im transzendentalen Selbstbewusstsein gründet.

Dieser Gesamtbefund beinhaltet wichtige Veränderungen unserer Weltsicht:

1. *Das Kantische Wahrheitskonzept.* Wahrheit wird nicht länger metaphysisch als absolut begriffen, sondern »geschieht« im konstituierenden Akt der Erkenntnis. Die Erkenntnis wiederum ist objektiv, aber nicht, weil sie denkunabhängige »Dinge an sich« träfe, sondern Objekte betrifft, die das erkennende Subjekt »bestimmt«. Insofern »konstruiert« das Subjekt im Erkenntnisakt die Wahrheit mit den Mitteln der Sinne und des Verstandes, also nicht nach Belieben und nicht ohne Regeln, sondern gemäß dem allgemeinen Bauprinzip von Vernunft und Verstand einerseits und aufgrund der durch die Welt angeregten Sinneserfahrung andererseits.

2. *Die Empirie-Gebundenheit der Erkenntnis.* Die festgestellte erkenntnistheoretische Unentscheidbarkeit metaphysischer Fragen erweist diese zwar als unbeantwortbar, aber nicht als hinfällig. Es bleibt für Kant ein wichtiger »Rest« an »unsicheren« Antworten im Hinblick auf Fragen, die sich an der Sehn-

---

jenes Ungeziefers notwendig erforderlich und die Verhinderung der eindringenden Lichtstrahlen ein Mittel sein, ihrer Vermehrung vorzubeugen ... Auf der Wahrheit seiner Theorie bestand er indessen so fest, daß er jeden Zweifel, so leise, jede Bedenklichkeit, so klein sie auch sein möchte, übel empfand ... Ich ließ ihn bei seiner Meinung, sorgte für Reinigung seines Schlafzimmers und Bettes, wodurch die Wanzen sich verminderten, obgleich die Laden und Fenster, um frische Luft zu schaffen, fast täglich, wiewohl ohne sein Mitwissen, geöffnet wurden. *Ein Zeitgenosse* sucht der Menschheit nach Unsterblichkeit, Freiheit und Gott orientieren. Die Unbeantwortbarkeit dieser Fragen sollte der Mensch, eingedenk seiner Begrenztheit, mit Bescheidung oder Demut hin- bzw. annehmen. Dass alle menschliche Erkenntnis an Empirie (im allgemeinen Sinne von Sinneserfahrung) gebunden bleibt und eine jenseitige Welt zwar gedacht, aber nicht erkannt werden kann, ist für Kant das Ergebnis, seine Einsicht in die menschliche Natur, in das menschliche Erkenntnisvermögen, bedeutet jedoch in keiner Weise die Beschränkung des Erkenntnisideals auf die so genannten exakten empirischen Wissenschaften. Diesen Zusammenhang werden wir im Schlusskapitel näher betrachten.

3. *Die Selbstbezogenheit des menschlichen Weltbildes.* So wie es dem reflektierten Bewusstsein nun nicht mehr möglich ist, sich den Standpunkt eines Absoluten zu eigen zu machen und die Welt entsprechend zu erkennen oder zu beurteilen, so ist es nun auch nicht mehr möglich, naiv den Standpunkt der Objektivität einzunehmen. Das heißt aber auch, dass alle Erkenntnis anthropozentrisch verfasst ist, dass also auch das Wissen über die außermenschliche Welt von der Subjekthaftigkeit des menschlichen Erkenntnisvermögens bestimmt ist. Schon die Konstituierung durch die Verstandeskategorien, aber erst recht die Letztbegründung im transzendentalen Selbstbewusstsein weist alle menschliche Erkenntnis als selbstbezogene aus, auch wenn Kants Konzeption die denkunabhängige Existenz der Welt als Bedingung der Möglichkeit von

42 Unterschiedliche subjektive Erkenntnis der Wirklichkeit: Eine Laborratte erklärt einer anderen das Verhalten des Versuchsleiters: »Ich habe diesen Mann so trainiert, dass er mir jedesmal Futter gibt, wenn ich diesen Hebel drücke.«

Erkenntnis voraussetzt. Der Selbstgebundenheit der menschlichen Perspektive ist nicht zu entkommen; sie ist konstitutiv für menschliche Erkenntnis überhaupt.

Wer dem Gedankengang bis hierher gefolgt ist, dem mag wohl hin und wieder der Kopf geraucht haben; die Darlegungen des Königsberger Philosophen nachzuvollziehen kann nervenaufreibend wirken. Es sei deshalb beiläufig der gute Rat mitgeteilt, den Kant selbst seinem berühmten Berliner Kollegen Moses Mendelssohn durch seinen Freund Markus Herz ausrichten ließ, als dieser ihm von Mendelssohns erster Reaktion auf die ›Kritik der reinen Vernunft‹ berichtete: »Daß Herr Mendelssohn mein Buch zur Seite gelegt habe, ist mir sehr unangenehm, aber ich hoffe, daß es nicht auf immer geschehen sein werde ... Ich bitte, nebst meiner großen Empfehlung ihm doch eine diätetische Beobachtung mitzuteilen, die ich an mir selbst gemacht habe und von der ich glaube, daß sie bei der Ähnlichkeit der Studien und zum Teil daraus entsprungenen schwächlichen Gesundheit vielleicht dazu dienen könnte, der gelehrten Welt einen so vortrefflichen Mann wiederzugeben, der sich mit Recht ihr so lange entzieht, als er findet, daß dergleichen Beschäftigung mit seiner Gesundheit nicht zusammenbestehen will. Seit vier Jahren nämlich, da ich gefunden habe, daß nachmittags und vornehmlich abends zu studieren, ja sogar leichte Bücher anhaltend zu lesen, sich mit meiner Gesundheit gar nicht vereinigen lasse und daher, ob ich gleich alle Abende zu Hause bin, mich nur mit einer leichten und durch öftere Zwischenpausen unterbrochenen Lektüre, imgleichen mit detachiertem Nachdenken über Materien, so wie sie sich von selbst ungesucht darbieten, niemals aber angelegentlich unterhalte, dagegen nach einer ruhigen Nacht des Morgens selbst bis zur Ermüdung mit Nachdenken und Schreiben beschäftigt bin, meine Gesundheit merklich zugenommen

Die Weigerung unserer Vernunft, den neugierigen, über dieses Leben hinausreichenden Fragen befriedigende Antwort zu geben, ist als ein Wink derselben anzusehen, unsere Selbsterkenntnis von der fruchtlosen überschwenglichen Spekulation zum fruchtbaren praktischen Gebrauche zuzuwenden; welcher, wenn er gleich auch nur immer auf Gegenstände der Erfahrung gerichtet ist, seine Prinzipien doch höher hernimmt und das Verhalten so bestimmt, als ob unsere Bestimmung unendlich weit über die Erfahrung, mithin über dieses Leben, hinausreiche. *Immanuel Kant* habe, denn die Zerstreuung der übrigen Tageszeit macht alle Angriffe auf die Lebenskraft wiederum gut ...«

Über die vorrangige Achtsamkeit gegenüber der eigenen Gesundheit und über die notwendige Schonung der Nerven schienen die beiden Philosophen sich wohl am ehesten verständigen zu können. Fast genau zwei Jahre später lässt Mendelssohn selbst sich bei Kant hören; am 10. April 1783 schreibt er: »Ich weiß nicht, welche Königsberger mich vor einigen Monaten versichert haben, Sie würden diesen Sommer zu uns kommen, und hier durch nach Pyrmont oder Spa reisen. Können Ihre Freunde dieses hoffen? – Im Grunde müßte eine solche Reise, auch ohne Bad und Brunnen, Ihnen zuträglich sein, und ich sollte denken, Sie wären verbunden Ihre Gemächlichkeit und das ganze Heer von Bedenklichkeiten, die eine scharfsinnige Hypochondrie der Reise entgegensetzen kann, dem Äskulap zu opfern. Offene Arme würden Sie in Berlin viele finden; aber auch so manches offene Herz und unter andern auch eines Menschen, der Ihnen Bewunderung nachruft, ohne Ihnen folgen zu können. Seit vielen Jahren bin ich der Metaphysik wie abgestorben. Meine Nervenschwäche verbietet mir alle Anstrengung, und ich amüsiere mich unterdessen mit minder angreifenden Arbeiten, davon ich nächstens das Vergnügen haben werde einige Proben zu übersenden. Ihre Kritik der reinen Vernunft ist für mich auch ein Kriterium der Gesundheit. So oft ich mich schmeichele an Kräften zugenommen zu haben, wage ich mich an dieses Nervensaft verzehrende Werk, und ich bin nicht ganz ohne Hoffnung, es in diesem Leben noch ganz durchdenken zu können ...«

43 Moses Mendelssohn (1729–1786)

# Ethik: Gibt es allgemeingültige Werte?

## Von der Kritik der reinen zur Kritik der praktischen Vernunft

Kant war ausgezogen, die Metaphysik auf eine neue, sicheres Wissen gewährleistende Grundlage zu stellen. Heraus kam dabei im Zuge seiner systematisch strengen Untersuchung hinsichtlich der Frage: Was kann ich wissen?, dass die traditionellen metaphysischen Fragen aus prinzipiellen Gründen unbeantwortbar bleiben. Damit fehlt im Bereich der Erkenntnis allerdings mit einem Mal jene oberste Instanz, die im Bereich des Handelns traditionell den letzten Maßstab für gutes Handeln an die Hand gab. Das war beispielsweise in der Philosophie Platons die Idee des Guten, in der christlichen Philosophie Gott.

Geht es in der Dimension des Theoretischen um Wahrheit, so in der Dimension des Praktischen um Sittlichkeit bzw. Moral, modern gesprochen um Ethik. Wenn Kant hier die schlichte Frage stellt: Was soll ich tun?, dann ist die kritische Sichtung der Begründung sittlicher Normen gemeint: Ist deren Anspruch auf allgemeine und objektive Gültigkeit zwingend (mit Notwendigkeit begründet)? Gerade das fehlende sichere Wissen um eine höchste Instanz macht es umso dringlicher, die Gültigkeit sittlicher Normen auf ein neues Fundament zu stellen und nach den strengen Kriterien der Allgemeinheit und Notwendigkeit zu begründen.

Dabei können alle Konzepte der vorkantischen Philosophie nicht überzeugen, die die Letztbegründung auf dogmatischem Wege – etwa aus dem Willen Gottes oder der Ordnung der Na-

A. Pieper: Einführung in die Ethik, Uni-Taschenbuch Nr. 1637

A. Pieper (Hg.): Geschichte der neueren Ethik, Band 1 und 2, Uni-Taschenbücher Nr. 1701 und 1702

R. Spaemann: Moralische Grundbegriffe, München 1982

R. Stäblein (Hg.): Moral – Erkundungen über einen strapazierten Begriff, Fischer-Taschenbuch Nr. 12426

W. Weischedel: Skeptische Ethik, Frankfurt/M. 1976

tur – oder auf skeptisch-relativistischem Wege herleiten wollen – etwa aus einem moralischen Gefühl oder aus kultureller Tradition und Konvention. Stattdessen sucht Kant die Letztbegründung auch hier im Aufbau der Vernunft selbst. Er stellt die Hypothese auf, »daß alle sittlichen Begriffe völlig a priori in der Vernunft ihren Sitz und Ursprung haben«. (GMS B 34) In der ›Grundlegung zur Metaphysik der Sitten‹ von 1785 und der ›Kritik der praktischen Vernunft‹ von 1788 entwickelt Kant sein grundlegend neues Konzept von Ethik. 1797 legt er dann in seinem letzten Hauptwerk ›Die Metaphysik der Sitten‹ eine umfassend ausgearbeitete Ethik vor. Dabei steht in der »Rechtslehre« die gesellschaftliche Substanz der Sittlichkeit im Mittelpunkt der Erörterung; zu untersuchen ist der sittliche Gehalt in den sozialen Institutionen wie dem Staat und dem codifizierten Recht. In der »Tugendlehre« geht es um die personale Substanz der Sittlichkeit, die in der charakterlichen Haltung der handelnden Subjekte zum Ausdruck kommt.

## Sittlichkeit als gewollte Haltung

### Bedingter und unbedingter Wille

Die praktische Vernunft ist keine andere als die theoretische; der Ausdruck meint den praktischen Gebrauch der Vernunft beim Handeln, nämlich das Transzendieren des in der Sinneserfahrung Gegebenen. Das sinnlich Erfahrbare kann im Bereich des Handelns überstiegen werden durch den Willen. Das Vermögen zu wollen *ist* die praktische Vernunft, insofern das Subjekt nicht nach den vorliegenden Gesetzen der Natur, sondern nach Gesetzen handeln kann, die es sich selbst gibt. Alle Naturwesen folgen äußeren Zwängen und inneren An-

> Kaufen Sie sich um Himmels willen zwei Bücher: Kants Grundlegung zur Metaphysik der Sitten und Kants Kritik der praktischen Vernunft, 1788. Kant ist kein Licht der Welt, sondern ein ganz strahlendes Sonnensystem auf einmal.
>
> *Jean Paul an einen Freund*

trieben und Bedürfnissen. Bei bloßen Naturwesen haben diese den Charakter von Gesetzen oder Mechanismen, denen instinktmäßig und mit Notwendigkeit gefolgt wird. Die Vernunft dagegen befähigt in der praktischen Dimension, sich von der unmittelbaren, zwingenden Wirkung der Antriebe und Bedürfnisse sowie der äußeren Einwirkungen zu distanzieren und diese nicht als letzte und alleinige Bestimmungsgründe für das Handeln wirken zu lassen.

Kant unterscheidet nun zwischen einem Willen, der von empirischen Einwirkungen zumindest mitbestimmt wird und somit von ihm äußerlichen Bestimmungsgründen abhängig ist, und einem Willen, der seinen Bestimmungsgrund einzig und allein in sich selber hat. Die empirisch bedingte praktische Vernunft wird also von Bedürfnissen, Leidenschaften und Interessen ebenso wie von Naturgesetzmäßigkeiten und sozialen Konventionen und Forderungen zu einem bestimmten Handeln »angetrieben«. Alle diese Bestrebungen wirken auf der Ebene der Sinneserfahrung auf den Willen ein und bedingen das Handeln. Sollte sich dieses Bedingungsverhältnis als durchgängige und vollständige Bestimmtheit herausstellen, könnte auch beim Menschen von Wille oder praktischer Vernunft nicht mehr sinnvoll gesprochen werden. Kant lehnt denn auch

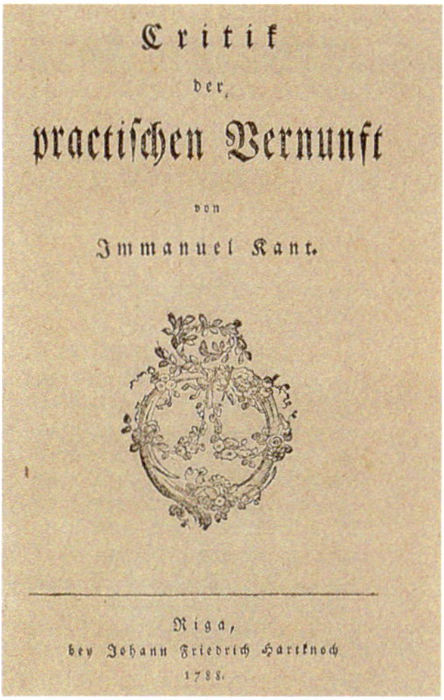


44 Titelseite der ›Kritik der praktischen Vernunft‹

den Anspruch des ethischen Empirismus ab, nach dem selbst die Prinzipien sittlichen Handelns von der Erfahrung abhängen.

Stattdessen versucht Kant, entgegen seiner erkenntnistheoretischen Auffassung, wo er die Neigung der reinen theoretischen Vernunft zur spekulativen Metaphysik zurückgewiesen hat, im Bereich der Ethik den Beweis zu führen, dass es auch eine reine praktische Vernunft gebe, also einen Willen, der von der Sinneserfahrung unabhängig ist und somit wirklich allgemeingültige Prinzipien der Moral bereitstellt. »Es ist überall nichts in der Welt, ja überhaupt auch außer derselben zu denken möglich, was ohne Einschränkung für gut könnte gehalten werden, als allein ein *guter Wille* … Der gute Wille ist nicht durch das, was er bewirkt, oder ausrichtet, nicht durch seine Tauglichkeit zu Erreichung irgend eines vorgesetzten Zweckes, sondern allein durch das Wollen, d. i. an sich, gut, und, für sich selbst betrachtet, ohne Vergleich weit höher zu schätzen, als alles, was durch ihn zu Gunsten irgend einer Neigung, ja wenn man will, der Summe aller Neigungen nur immer zu Stande gebracht werden könnte.« (GMS B 1ff.)

## Neigung und Pflicht

Der Mensch begehrt, glücklich zu sein. Er neigt zu allem, was immer diesem Ziel dient. Die Vorstellung hinsichtlich dessen, was diesem Ziel dient, ist also bedingt und hat einen empiri-

> Wenn gleich durch eine besondere Ungunst des Schicksals, oder durch kärgliche Ausstattung einer stiefmütterlichen Natur, es diesem Willen gänzlich an Vermögen fehlete, seine Absicht durchzusetzen; wenn bei seiner größten Bestrebung dennoch nichts von ihm ausgerichtet würde, und nur der gute Wille (freilich nicht etwa ein bloßer Wunsch, sondern als die Aufbietung aller Mittel, so weit sie in unserer Gewalt sind) übrig bliebe: so würde er wie ein Juwel doch für sich selbst glänzen, als etwas, das seinen vollen Wert in sich selbst hat. Die Nützlichkeit oder Fruchtlosigkeit kann diesem Werte weder etwas zusetzen, noch abnehmen. Sie würde gleichsam nur die Einfassung sein, um ihn im gemeinen Verkehr besser handhaben zu können, oder die Aufmerksamkeit derer, die noch nicht genug Kenner sind, auf sich zu ziehen, nicht aber, um ihn Kennern zu empfehlen, und seinen Wert zu bestimmen.
>
> *Immanuel Kant (GMS 3f.)*

schen Bestimmungsgrund wie auch das Ziel selbst, das Glück. Alles, was wir zu diesem Zweck tun, ist »gut«; aber dieselben Handlungen können unter anderen Umständen »schlecht« oder »böse« sein, wenn sie diesem Ziel nicht dienen. Und auch das, worin mein Glück besteht, also gut für mich ist, kann schlecht für einen anderen sein, aber auch schlecht für mich unter anderen Umständen oder in anderer Hinsicht. Alles, was wir aus Neigung tun, kann deshalb allenfalls in eingeschränktem Sinne als gut gelten. Ohne Einschränkung gut, sagt Kant, ist nur der so genannte »gute Wille«, insofern er nämlich unbedingt ist und das Gute schlechthin will ohne Rücksicht auf irgendwelche Umstände, Neigungen, Vorteile, Interessen usw.

Dass wir mit unseren bedingten und bedingenden Neigungen nach Glück streben bzw. nach dem, was wir dafür halten, ist sehr verständlich, da wir bedingte, endliche, eingeschränkte Vernunftwesen sind. Unsere Würde als Vernunftwesen liegt allerdings darin, dass wir mit unserer reinen praktischen Vernunft auch dasjenige wollen können, was unseren natürlichen Neigungen, was dem empirisch nahe liegenden, naturhaften Bedingungsgefüge *nicht* entspricht. In diesem Fall handeln wir aus Pflicht, d. h. nur aus Rücksicht auf den guten Willen selbst.

Nicht jede Pflichterfüllung jedoch ist nach Kant von sittlicher Qualität. Es ist möglich, pflichtgemäß zu handeln und dabei oder gar damit eigentlich Eigeninteressen zu verfolgen. Jemand räumt z. B. einen kleinen Fehler ein, um als vertrauenswürdig zu gelten und erfolgreich einen großen Fehler leugnen zu können. Man kann aber auch pflichtgemäß handeln, weil diese Pflicht der eigenen Neigung entspricht, z. B. einen geliebten Menschen aus einer Gefahr retten. Und selbst eine Neigung zu Pflichterfüllung überhaupt mag zwar ehrenhaft und löblich sein, ist aber im Kantischen Sinne noch nicht eigentlich moralisch.

---

Gern dien ich den Freunden, doch
tu ich es leider mit Neigung.
Und so wurmt es mich oft, daß
ich nicht tugendhaft bin.

*Friedrich Schiller*

45 Max Weber (1864–1920), links
46 Max Scheler (1874–1928), rechts

Von Moralität oder Sittlichkeit spricht Kant erst da, wo eine Pflicht *um ihrer selbst willen* anerkannt wird und so die Handlung bestimmt. An der faktischen Handlung selbst kann nur ihre Legalität, ihre bloße Pflichtgemäßheit abgelesen werden, die von ganz anderen Bestimmungsgründen bedingt sein kann. Das uneingeschränkt Gute uneingeschränkt um des Guten selbst willen zu tun: erst darin erweist sich die Moralität der Pflicht.

Kant ist in diesem Zusammenhang oft der Vorwurf gemacht worden, er reduziere Moralität auf die bloße Subjektivität der Gesinnung. Im Hinblick auf die Unterscheidung von Gesinnungsethik und Erfolgsethik bei Max Scheler, von Gesinnungsethik und Verantwortungsethik bei Max Weber ist Kant gerne auf die Seite der Gesinnungsethik gestellt worden. Das ist ein Missverständnis: In der realen Welt baut die Moralität auf der Legalität auf. In der Tat ist der Bestimmungsgrund des Wollens (das »Motiv«) zu prüfen und nicht allein die faktische Handlung, und das Wollen ist ein Vermögen des Subjekts. Aber die Pflicht muss auch tatsächlich »getan« werden. Sie darf auch durchaus mit und nicht nur gegen die Motivation der Neigung erfüllt werden. Die Erfüllung einer all-

Geht der große SINN zugrunde,
so gibt es Sittlichkeit und Pflicht.
Kommen Klugheit und Wissen auf,
so gibt es die großen Lügen.
Werden die Verwandten uneins,
so gibt es Kindespflicht und Liebe.
Geraten die Staaten in Verwirrung,
so gibt es die treuen Beamten.

*Laotse*

gemein und notwendig geltenden Norm kann jedoch nur dann als »moralisch« gelten, wenn die Anerkennung der Pflicht als solche durch den Willen gegeben ist. Darum ist es in keiner Weise gerechtfertigt, wenn jemand einen so genannten »Befehlsnotstand« (ob im Krieg oder nicht) für sich reklamiert und sich dazu auf die Pflichtethik Kants beruft: Die Pflicht um ihrer selbst willen tun heißt gerade nicht, kritik- und willenlos auszuführen, was als »Pflicht« vorgestellt wird.

An dieser Stelle muss allerdings auch ein Wort zu Kants Rigorismus gesagt werden, mit dem er den Vernunftgebrauch im Kampf gegen die Affekte in Stellung brachte. So sehr Kant ein begeisterter Anhänger Rousseaus und seines Axioms »Der Mensch ist von Natur aus gut« war – Rousseaus Bildnis war das einzige im Hause Kant –, so sehr stand seine aus dem Pietismus stammende Grundauffassung vom Menschen in andauerndem Widerstreit mit diesem Axiom. Kant sah den Menschen durchaus auch vom Ursprung her als ein Tier, das einen Herrn über sich braucht. Er war misstrauisch gegenüber Gefühlsbewegungen, Leidenschaft, Überschwang und unkontrollierbaren Stimmungen und hegte die Überzeugung, dass im Menschen ein nur halb gebändigter, immer wieder andrängender Feind kämpfe; das Ausleben elementarer Gefühle erschien ihm daher als ein unkalkulierbares Risiko, überwältigt zu werden. In seinem persönlichen Leben versuchte er deshalb, nicht nur seinen Seelenfrieden von äußeren Störungen freizuhalten; mit der gleichen Rigorosität wollte er auch innere Gemütsbewegungen vermeiden oder beherrschen.

In der ›Kritik der praktischen Vernunft‹ heißt es: »Neigung ist blind und knechtisch, sie mag nun gutartig sein oder nicht, und die Vernunft, wo es auf Sittlichkeit ankommt, muß nicht bloß den Vormund derselben darstellen, sondern, ohne auf sie Rücksicht zu nehmen, als reine praktische Vernunft ihr ei-

---

Das Ich ... hat die Aufgabe der Selbstbehauptung, erfüllt sie, indem es nach außen die Reize kennenlernt, Erfahrungen über sie aufspeichert (im Gedächtnis), überstarke Reize vermeidet (durch Flucht), mäßigen Reizen begegnet (durch Anpassung) und endlich lernt, die Außenwelt in zweckmäßiger Weise zu seinem Vorteil zu verändern (Aktivität); nach innen gegen das Es, indem es die Herrschaft über die Triebansprüche gewinnt, entscheidet, ob sie zur Befriedigung zugelassen werden sollen, diese Befriedigung auf die in der Außenwelt günstigen Zeiten und Umstände verschiebt oder ihre genes Interesse allein besorgen. Selbst dies Gefühl des Mitleids und der weichherzigen Teilnehmung, wenn es vor der Überlegung, was Pflicht sei, vorhergeht und Bestimmungsgrund wird, ist wohldenkenden Personen selbst lästig, bringt ihre überlegten Maximen in Verwirrung und bewirkt den Wunsch, ihrer entledigt und allein der gesetzgebenden Vernunft unterworfen zu sein.«

Solche Abwehr und stoische Zurückhaltung gegenüber elementaren Gefühlsregungen sind aus heutiger ganzheitlicher Perspektive kaum mehr nachvollziehbar. Kants überzeichnete Trennung und Hierarchisierung von Gefühlswelt einerseits und Vernunftordnung andererseits hat einen gewichtigen Grund in dem von Hemmungen und Depression nicht unbelasteten Lebensgefühl seiner Jugendjahre. Und aus späterer Zeit berichtet sein Freud Hippel: »Kant pflegte oft zu sagen, daß wenn der Mensch alles, was er dächte, sagen und schreiben wollte, nichts Schrecklicheres auf Gottes Erdboden wäre als der Mensch.«

Es ist sicherlich nicht angebracht, von hier aus eine Psychopathologie der Persönlichkeit oder gar des Werkes von Immanuel Kant zu versuchen. Aber selbst eine im Blick auf Kant so »wohldenkende Person« wie Friedrich Schiller sieht hier eine Begrenzung, die nicht ohne Einfluss auf den Grundentwurf von Kants Werk geblieben ist. Schiller schreibt am 21. Dezember 1798 an Goethe über Kants Anthropologie: »Die pathologische Seite, die er am Menschen immer herauskehrt und die bei einer Anthropologie vielleicht am Platze sein mag, verfolgt einen fast in allem, was er schreibt, und sie ists, die seiner praktischen Philosophie ein so grämliches Aussehen gibt. Daß dieser heitere und jovialische Geist seine Flügel nicht ganz von dem Lebensschmutz hat losmachen können, ja selbst gewisse düstere Eindrücke der Jugend etc. nicht ganz verwunden hat, ist zu verwundern und zu beklagen. Es ist

Erregungen überhaupt unterdrückt ... Eine Handlung des Ichs ist dann korrekt, wenn sie gleichzeitig den Anforderungen des Es, des Über-Ichs und der Realität genügt, also deren Ansprüche miteinander zu versöhnen weiß ... Dies allgemeine Schema eines psychischen Apparates wird man auch für die höheren, dem Menschen seelisch ähnlichen Tiere gelten lassen.

*Sigmund Freud, ›Abriß der Psychoanalyse‹*

immer noch etwas in ihm, was einen, wie bei Luthern, an einen Mönch erinnert, der sich zwar sein Kloster geöffnet hat, aber die Spuren desselben nicht ganz vertilgen konnte.«

## Der kategorische Imperativ

Um die Sittlichkeit einer Handlung zu bestimmen, genügt es selbstverständlich nicht, ihren Pflichtcharakter anzuerkennen. Mit Hilfe des Kategorischen Imperativs führt Kant nun ein kritisches Prüfinstrument ein, mit dem die moralische Qualität einer Handlung festgestellt werden soll.

Der kategorische Imperativ ist die allgemeine Antwort auf die Frage: Was soll ich tun? Er gilt als das einzige Kriterium zur Beurteilung von Moralität, ja von Sittlichkeit überhaupt. Die Form des Imperativs zeigt an, dass es sich um eine Aufforderung handelt, die sich nicht von selbst versteht. Auch wenn die Vernunft wahre Erkenntnisse erbringt, weiß ich nur, wie die Dinge sind, vielleicht auch wie ich bin; aber daraus folgt in keiner Weise, wie ich handeln soll. Die Dimension des Sollens ist nicht aus der Dimension des Seins ableitbar; darin folgt Kant der bahnbrechenden Unterscheidung Humes zwischen deskriptiven (beschreibenden) und präskriptiven (vorschreibenden) Aussagen. Die Analyse des Gegebenen – durch die synthetischen Urteile a priori der theoretischen Vernunft – legt den Umgang damit nicht fest.

Die praktische Vernunft spricht die Aufforderung zum Handeln mit Notwendigkeit aus: Du sollst! Diese strikte Notwendigkeit kann aber sehr wohl an Voraussetzungen geknüpft sein, die die Handlungsaufforderung zu einem bedingten Imperativ machen. So unterscheidet Kant die hypothetischen Imperative, die an Voraussetzungen gebunden sind, vom kategorischen Im-

Der kategorische Imperativ riecht nach Grausamkeit.
*Friedrich Nietzsche, ›Zur Genealogie der Moral‹, 6. April 1887*

perativ, der ohne jede Einschränkung gilt. Die hypothetischen Imperative unterteilt er noch einmal in zwei Klassen, die technischen und die pragmatischen Imperative. Diese insgesamt drei Klassen bauen stufenförmig aufeinander auf.

Die beiden hypothetischen Stufen beruhen auf dem Wenn-dann-Schema: Wenn du dieses willst, dann musst du jenes tun. Auf der ersten Stufe geht es um »technische« Gebote, d.h. solche der »Geschicklichkeit«: Wenn du dieses willst, dann ist es ein Gebot der Geschicklichkeit, jenes zu tun. Die Notwendigkeit, jenes zu tun, ist verknüpft mit irgendeinem beliebigen Wunsch, der gar nicht ernsthaft in Betracht gezogen zu sein braucht, z.B.: Wenn du Kinder haben willst, musst du dich nach einem geeigneten Partner bzw. einer geeigneten Partnerin umsehen. Der Kinderwunsch (im Bedingungssatz) muss ja keineswegs bestehen; sollte er aber bestehen, gilt die Hauptaussage allerdings mit Notwendigkeit.

Auf der zweiten hypothetischen Stufe geht es um »pragmatische« Gebote, also solche der Klugheit. Hier sind Handlungen gefordert, die notwendig sind, um dem tatsächlichen Streben des handelnden Subjekts förderlich zu sein. In der Regel wird also gelten, dass gesundheitsbewusst leben sollte, wer sein Glück (nach seiner subjektiven Vorstellung) auch erleben will. Aber auch hier gilt, dass dieser Vorsatz nicht unbedingt gilt. Wenn jemand z.B. sein subjektives Glück darin sieht, für seinen Glauben zum Märtyrer zu werden, erscheint es nicht mit Notwendigkeit erforderlich, um dieser Absicht willen gesundheitsbewusst zu leben.

Im Gegensatz zu den beiden Formen oder Stufen des hypothetischen Imperativs ist der kategorische Imperativ allgemein und ausnahmslos verbindlich, dies macht seine Moralität aus. Darum nennt Kant den kategorischen auch moralischen

Das unermeßliche Verdienst Kants liegt in der Entdeckung von dem absoluten Wert des guten Willens, welche vor ihm außer den unvergleichlichen christlichen Mystikern nur Platos großer Geist erblickte und auch dieser nur undeutlich, wie durch einen Schleier. Einmal gefunden, kann sie nie wieder verloren gehen, und in diesem Selbstbewußtsein des moralischen Geistes liegt geradezu eine Verstärkung der sittlichen Kräfte dieser Welt, welche wir diesem Manne verdanken. Er hat das Gewissen vor sich selber deutlich gemacht und vor sich selber gerechtfertigt.

*Wilhelm Dilthey, ›Versuch einer Analyse des moralischen Bewußtseins‹, 1864*

Imperativ. In seiner Grundform formuliert Kant ihn so: »Handle nur nach derjenigen Maxime, durch die du zugleich wollen kannst, daß sie ein allgemeines Gesetz werde.« (GMS B 52)

Weil Maximen subjektive Lebensgrundsätze sind, können sie erstens individuell verschieden sein. Zweitens beziehen sie sich jeweils auf einen Grundaspekt des Lebens bzw. der gesamten Lebensführung, d. h. sie stellen den Grund der »Haltungen« dar, die den verschiedenen Absichten und konkreten Handlungen im Alltagsleben eine gemeinsame Richtung geben. Rücksichtnahme zu üben kann z. B. eine Maxime sein oder Großzügigkeit oder Hilfsbereitschaft, aber auch Rücksichtslosigkeit, Engherzigkeit oder Gleichgültigkeit usw. Die Maxime ist keine starre Regel, an der abzulesen ist, wie sich der Betreffende in dieser oder jener Situation verhält. Vielmehr umreißt sie die handlungsanleitende Basis einer Person in einschlägigen Situationen; indes ist sie auf den konkreten Kontext in der jeweiligen individuellen und sozialen Handlungssituation zu beziehen. Die Maxime eröffnet und fordert somit einen Spielraum, innerhalb dessen beurteilt werden muss, wie angesichts der konkreten Situation die Maxime in Handlung umgesetzt werden soll.

Dies ist im Übrigen ein wesentlicher Grund, weshalb der kategorische Imperativ Kants keineswegs mit der Goldenen Regel in eins gesetzt werden darf. Die Goldene Regel fordert, genau jene Handlung gegenüber anderen zu unterlassen, die man auch selbst nicht von anderen zu erleiden wünscht. Aber wie schon ein anderer Spruch aus dem Volksmund sagt: Wenn zwei das gleiche tun, ist es noch lange nicht dasselbe. Die Goldene Regel lässt keinerlei Spielraum zu, in dem erwogen werden könnte bzw. müsste, ob eine Handlung, die mir nicht gerecht wird, auch (einem) anderen gegenüber als untauglich anzusehen ist.

Die Begriffe **Maxime** und **Gesetz** in Kants eigener Erläuterung:
*Maxime* ist das subjektive Prinzip zu handeln, und muß vom *objektiven Prinzip*, nämlich dem praktischen Gesetze, unterschieden werden. Jene enthält die praktische Regel, die die Vernunft den Bedingungen des Subjekts gemäß (öfters der Unwissenheit oder auch den Neigungen desselben) bestimmt, und ist also der Grundsatz, nach welchem das Subjekt *handelt;* das Gesetz aber ist das objektive Prinzip, gültig für jedes vernünftige Wesen, und der Grundsatz, nach dem es *handeln soll,* d. i. ein Imperativ. *(GMS B 51)*

Wenn ein Arzt beispielsweise vor der Frage steht, ob er seinem todkranken Patienten die Wahrheit über dessen Zustand mitteilen soll, mag er sich wohl fragen, ob er selbst in einer solchen Situation die Wahrheit wissen wolle. Gesetzt, die Antwort darauf wäre negativ, dann hätte sich nach der Goldenen Regel mit dieser Antwort die Problematik erledigt. Vom kategorischen Imperativ ausgehend, ist indes damit zu rechnen, dass der darin beschlossene sittliche Anspruch im konkreten Fall von einer jeweiligen Maxime durchaus abweichen kann. Der Arzt könnte z. B. nach der Maxime leben: Soviel Selbstbestimmung wie nur irgend möglich! Im konkreten Fall könnte er zu der Einsicht gelangen, dass der Patient nach allem, was er von dessen Lebensgeschichte weiß, die Wahrheit über seinen todnahen Zustand geradezu braucht, um sein Leben selbstbestimmt bewältigen zu können, während er selbst sich vielleicht gleichzeitig eingestehen muss, dass er in vergleichbarer Situation diese Wahrheit keinesfalls verkraften könnte.

## Verallgemeinerung

Wenn es nun im kategorischen Imperativ um Verallgemeinerung geht, so ist jetzt schon klar, dass damit nicht eine Verallgemeinerung meiner einzelnen Handlungen als Lösung für alle anderen Fälle bzw. alle anderen Subjekte gemeint ist. Aber auch die Maxime bezeichnet lediglich eine subjektive Allgemeinheit; sie bezieht sich zwar auf das Lebensganze, aber nur hinsichtlich des eigenen Lebens. Die Frage jedoch, ob

**Vier Imperative**

Handle so, als ob die Maxime deiner Handlung durch deinen Willen zum allgemeinen Naturgesetze werden sollte! *Immanuel Kant*

Was du nicht willst, daß man dir tu, das füg auch keinem andern zu! *Goldene Regel*

Liebe! Und was du dann willst, das tu! (*Dilige et quod vis fac!*) *Augustinus*

Tu was du willst, wenn du es in aller Zukunft tragen kannst! (*Fais ce que tu veux si tu pourras le supporter indéfiniment.*) *Paul Valéry* objektive Allgemeinheit erreicht werden kann, ist für alle Vernunftwesen gültig. In diesem Sinne spitzt Kant die oben zitierte Grundform des kategorischen Imperativs in einer zweiten Version noch zu, indem er diese am formalen Begriff der Natur orientiert: »Handle so, als ob die Maxime deiner Handlung durch deinen Willen zum allgemeinen Naturgesetze werden sollte.« (GMS B 52) Oder in der Formulierung der ›Kritik der praktischen Vernunft‹: »Handle so, daß die Maxime deines Willens jederzeit zugleich als Prinzip einer allgemeinen Gesetzgebung gelten könne.« (KpV A 54)

Die Tauglichkeit von Maximen zur Verallgemeinerung als Naturgesetze muss geprüft werden. Dazu unterscheidet Kant verschiedene Pflichten, die in einer Maxime zum Ausdruck kommen können. So sind die Pflichten gegenüber anderen zu unterscheiden von Pflichten gegenüber sich selbst. Als Prinzip der sozialen Verpflichtung fasst er das Glück der anderen; als Prinzip der Verpflichtung sich selbst gegenüber das Streben nach Vollkommenheit, d. h. die Entwicklung der eigenen physischen, emotionalen, intellektuellen und moralischen Anlagen.

Zudem greift Kant die traditionelle Unterscheidung zwischen vollkommenen und unvollkommenen Pflichten auf. Im Gegensatz zu Ersteren lassen die Letzteren einen Beurteilungs- und Handlungsspielraum zu, allerdings nicht, weil die Gültigkeit der unvollkommenen Pflicht geringer wäre als die der vollkommenen, sondern nur, weil der entsprechende Anwendungsbereich eines Spielraums bedarf. So ist Hilfsbereitschaft eine allgemeingültige Pflicht und eine unvollkommene nur insofern, als es in einer konkreten Situation (etwa angesichts begrenzter Ressourcen) notwendig sein kann, Hilfe von einem Adressaten auf einen anderen zu verlagern, also beispielsweise von den Kindern auf die Eltern oder auf akut von einem Unglück Betroffene.

---

> Die Suche nach einer Form der Moral, die insofern von jedem akzeptiert würde, als sich jeder ihr zu unterwerfen hätte, erscheint mir katastrophal.
>
> *Michel Foucault*

Zur Prüfung, ob eine Verallgemeinerung möglich ist, dient ein Gedankenexperiment, für das Kant zwei Verfahrensweisen vorschlägt. Die erste Form bezieht sich auf die vollkommenen Pflichten, die keinerlei Spielraum eröffnen. Es wird geprüft, ob eine Maxime widerspruchsfrei als allgemeines Gesetz *gedacht* werden kann. Kant bringt hier das Beispiel des Suizids: »Einer, der durch eine Reihe von Übeln, die bis zur Hoffnungslosigkeit angewachsen ist, einen Überdruß am Leben empfindet, ist noch so weit im Besitze seiner Vernunft, daß er sich selbst fragen kann, ob es auch nicht etwa der Pflicht gegen sich selbst zuwider sei, sich das Leben zu nehmen. Nun versucht er: ob die Maxime seiner Handlung wohl ein allgemeines Naturgesetz werden könne. Seine Maxime aber ist: ich mache es mir aus Selbstliebe zum Prinzip, wenn das Leben bei seiner längern Frist mehr Übel droht, als es Annehmlichkeit verspricht, es mir abzukürzen. Es frägt sich nur noch, ob dieses Prinzip der Selbstliebe ein allgemeines Naturgesetz werden könne.« (GMS B 53)

Bei dieser Prüfung geht Kant nun davon aus, dass es die natürliche Bestimmung der Empfindung ist, »zur Beförderung des Lebens anzutreiben«: »Da sieht man aber bald, daß eine Natur, deren Gesetz es wäre, durch dieselbe Empfindung … das Leben selbst zu zerstören, ihr selbst widersprechen und also nicht als Natur bestehen würde …« (GMS B 53f.) Ein solcher Selbstwiderspruch führt dazu, dass die genannte Maxime als allgemeines Naturgesetz nicht einmal gedacht werden kann und somit als moralische Leitlinie nicht in Frage kommt.

Als Beispiel für eine vollkommene Pflicht gegen andere nennt Kant das Versprechen, das niemals mit dem Vorsatz gemacht werden dürfe, es nicht zu halten. Die subjektive Wahrhaftigkeit ist objektiv gefordert, ansonsten wäre ein gesellschaftliches Zusammenleben nach Vernunftprinzipien nicht

Der Mensch, der sich bindet und der sich Rechenschaft gibt, daß er nicht nur der ist, den er wählt, sondern außerdem ein Gesetzgeber, der gleichzeitig mit sich die ganze Menschheit wählt, kann dem Gefühl seiner vollen und tiefen Verantwortlichkeit schwerlich entrinnen … Sicherlich glauben viele Leute, wenn sie handeln, nur sich selber zu binden … Aber in Wahrheit muß man sich immer fragen, was würde geschehen, wenn wirklich alle Welt ebenso handeln würde? Und man entrinnt diesem beunruhigenden Gedanken nur mit einer Art von Böswilligkeit. *Jean-Paul Sartre* lange aufrechtzuerhalten. Durch Einwendungen vor allem des französischen Schriftstellers und Politikers Benjamin Constant sah Kant sich im Jahre 1797 genötigt, in seinem Aufsatz ›Über ein vermeintes Recht aus Menschenliebe zu lügen‹ noch einmal klarzustellen, dass auch im Bereich des Rechts Verträge ihren Sinn verlieren und praktisch nicht mehr zustande kommen würden, wenn die Vertragspartner stets mit einem falschen Versprechen, d.h. mit vorsätzlicher Unwahrhaftigkeit rechnen müssten.

Im Hinblick auf die unvollkommenen Pflichten wird geprüft, ob eine Maxime als ein allgemeines Gesetz womöglich widerspruchsfrei gedacht, aber nicht widerspruchsfrei *gewollt* werden kann. Als Beispiel bringt Kant hier die Verpflichtung gegenüber sich selbst, die eigenen Talente zu kultivieren. Wenn aber nun jemand der Maxime folgt, »lieber dem Vergnügen nachzuhängen, als sich mit Erweiterung und Verbesserung seiner glücklichen Naturanlagen zu bemühen« (GMS B 55), dann lässt sich eine solche Maxime zwar noch als allgemeines Naturgesetz denken, »allein er kann unmöglich *wollen*, daß dieses ein allgemeines Naturgesetz werde, oder als ein solches in uns durch Naturinstinkt gelegt sei. Denn als ein vernünftiges Wesen will er notwendig, daß alle Vermögen in ihm entwickelt werden …« (GMS B 55f.)

Der Wille bezeichnet nach Kant die Fähigkeit, nicht nach vorgegebenen Gesetzen, son-

47 Benjamin Constant (1767–1830)

dern nach der selbst bestimmten Vorstellung von Gesetzen, also aus Vernunftgründen zu handeln. Aus Vernunftgründen kann allerdings nur handeln, wer nicht von vornherein auf Genuss fixiert ist. Damit ist natürlich nicht ausgeschlossen, dass sich Pflicht und Neigung hin und wieder glücklich vereinen. Über die moralische Qualität einer Maxime entscheidet der Wille indes aus Vernunftgründen, jenseits von Lust- und Unlustgefühlen.

Ein weiteres Beispiel Kants bezieht sich auf die soziale Verpflichtung zum Beistand (Solidarität). Wer nach der Maxime lebt: Ich beneide nicht, aber ich helfe auch nicht – jeder ist seines Glückes Schmied, der kann sich zwar eine Welt denken, in der das funktioniert, aber wollen kann er das, falls er seine Vernunft bemüht, nicht: »Denn ein Wille, der dieses beschlösse, würde sich selbst widerstreiten, indem der Fälle sich doch manche ereignen können, wo er anderer Liebe und Teilnehmung bedarf, und wo er, durch ein solches aus seinem eigenen Willen entsprungenes Naturgesetz, sich selbst alle Hoffnung des Beistandes, den er sich wünscht, rauben würde.« (GMS B 56f.)

Man muss also wollen können, dass eine Maxime ein allgemeines Gesetz werden soll: Das ist der Maßstab für moralisches Handeln. Gewiss kennt auch Kant das Faktum, dass unser Wille bei Gelegenheit den Selbstwiderspruch hinnimmt, sich selbst eine Ausnahme zu genehmigen, das Prinzip im Ganzen aber doch als gültig zu postulieren. Aber eben das beweist, dass der Wille *frei* ist, dem in der Vernunft gefundenen allgemeinen Gesetz zu folgen – oder aber auch nicht. Dessen »Geltung« wird durch Nichtbefolgung ebenso anerkannt wie durch Befolgung.

Der Wille mit seinen Zukunftsplänen rüttelt an dem Glauben an die Notwendigkeit, an dem Hinnehmen der Verhältnisse der Welt, das er Gleichgültigkeit nennt: Doch ist nicht jedermann klar, daß die Welt nicht so ist und nie so gewesen ist, wie sie sein sollte? Und wer wüßte oder hätte je gewußt, wie sie sein sollte? Das »Seinsollende« ist utopisch; es hat keinen rechten Topos oder Ort in der Welt. Ist nicht der Glaube an die Notwen-

## Die Autonomie des Willens und der Begriff der Menschenwürde

Inwiefern ist der Wille frei und wie ist Freiheit zu verstehen? In der Kritik der reinen (theoretischen) Vernunft hatte Kant dargelegt, dass und inwiefern auch Freiheit – wie die beiden anderen Transzendentalien Unsterblichkeit und Gott – weder bewiesen noch widerlegt werden kann. In der praktischen Vernunft allerdings erweist sich nach Kant die Freiheit als Bedingung der Möglichkeit des Willens. Freiheit meint hier Autonomie, d.h. die Selbstgesetzgebung der praktischen Vernunft.

Zufriedenheit mit dem Leben als Ganzem ist die Befriedung des Begehrens: das ist es, was Kant »Glückseligkeit« nennt. Nun sagt Kant, dass zwar jedes Wollen eine »Materie«, ein Etwas haben müsse, worauf es sich bezieht. Insoweit ist jedes Wollen abhängig von dem Gegenstand, den es will, also nicht frei. Deshalb erweist sich der Wille nur in der Unabhängigkeit von allen empirisch fassbaren Begehrungszielen überhaupt als freier Wille und nicht als bloßer Mechanismus. Da der Wille immer »etwas« will, kann der Bestimmungsgrund für seine Freiheit niemals in dem jeweilig Gewollten liegen, sondern nur in der Art und Weise, *wie* Wille sich vollzieht, nämlich als Unabhängigkeit, als Abweichung von »gegebenen« Verhaltensmechanismen.

Diese negative Bestimmung der Freiheit – als Unabhängigkeit von der Fremdbestimmung (Heteronomie) – kann positiv gefasst werden als Selbstgesetzgebung (Autonomie). Die Freiheit muss als Eigenschaft aller vernünftigen Wesen vorausgesetzt werden. Der Grund dafür liegt darin, dass der Mensch nicht nur Sache, sondern immer zugleich auch Person, nicht nur Objekt, sondern immer zugleich auch Subjekt, nicht nur »Mittel zum beliebigen Gebrauche für diesen oder jenen Wil-

---

digkeit, die Überzeugung, alles sei so, »wie es kommen mußte«, der Freiheit, die um den Preis der Kontingenz erkauft ist, unendlich vorzuziehen?

*Hannah Arendt*

Mit der Idee der Freiheit ist nun der Begriff der *Autonomie* unzertrennlich verbunden, mit diesem aber das allgemeine Prinzip der Sittlichkeit.

*Immanuel Kant*

len« (GMS B 64), sondern immer zugleich auch Zweck an sich selbst ist. Deshalb kann der kategorische Imperativ auch so formuliert werden: »Handle so, daß du die Menschheit, sowohl in deiner Person, als in der Person eines jeden andern, jederzeit zugleich als Zweck, niemals bloß als Mittel brauchest.« (GMS B 66f.)

Die Autonomie des Willens ist mit dem Faktum der Vernunft gegeben, und nur in der Autonomie des Willens liegt die Würde der Vernunft. Die Verbindlichkeit der Pflicht stammt aus der Selbstverpflichtung des allgemein gesetzgebenden Willens: »Die praktische Notwendigkeit, nach diesem Prinzip zu handeln, d. i. die Pflicht, beruht gar nicht auf Gefühlen, Antrieben und Neigungen, sondern bloß auf dem Verhältnisse vernünftiger Wesen zu einander, in welchem der Wille eines vernünftigen Wesens jederzeit zu gleich als *gesetzgebend* betrachtet werden muss, weil es sie sonst nicht als *Zweck an sich selbst* denken könnte. Die Vernunft bezieht also jede Maxime des Willens als allgemein gesetzgebend auf jeden anderen Willen, und auch auf jede Handlung gegen sich selbst, und dies zwar nicht um irgend eines andern praktischen Bewegungsgrundes oder künftigen Vorteils willen, sondern aus der Idee der *Würde* eines vernünftigen Wesens, das keinem Gesetze gehorcht, als dem, das es zugleich selbst gibt.« (GMS B 76f.)

Der schlechthin letzte Grund für alle Moralität ist daher die Achtung vor der Würde jedes Menschen als eines vernünftigen Wesens, das kraft seiner Selbstgesetzgebung den unbedingten Wert in sich trägt und daher eine Wertschätzung ohne alle Bedingungen verdient: »Die Gesetzgebung selbst aber, die allen Wert bestimmt, muß eben darum eine Würde, d. i. unbedingten, unvergleichbaren Wert haben, für welchen das Wort *Achtung* allein den geziemenden Ausdruck der Schät-

Was einen Preis hat, an dessen Stelle kann auch etwas anderes als Äquivalent gesetzt werden; was dagegen über allen Preis erhaben ist, mithin kein Äquivalent verstattet, das hat eine Würde.

*Immanuel Kant*

Erst eine Selbstaufgabe zu hohen Kosten entfaltet im Rahmen einer Ästhetik der Unterwerfung hohen Reiz.

*Barbara Sichtermann*

zung abgibt, die ein vernünftiges Wesen über sie anzustellen hat. *Autonomie* ist also der Grund der Würde der menschlichen und jeder vernünftigen Natur.« (GMS B 79)

## Die Begründung des Rechtsstaats und des Menschenrechts

Was bislang im Bereich der Individualethik, der Kantischen »Tugendlehre«, entwickelt wurde, findet seine Entsprechung in der Sozial- bzw. öffentlichen Ethik, der Kantischen Rechtslehre. Dass die autonomen Willen der allgemein gesetzgebenden Personen miteinander zurechtkommen müssen, führt zur Entstehung des Rechts, dessen Aufgabe darin liegt, das Zusammenleben in äußerer Freiheit zu ermöglichen, damit die innere Freiheit zur Erfüllung der sittlichen Pflicht genutzt werden kann.

Das Recht ist also dazu da, die äußere Freiheit des einen mit der äußeren Freiheit aller anderen nach allgemeinen Gesetzen verträglich zu machen. Rechtliche Bestimmungen erweisen ihre Legitimität nur dadurch, dass sie diesem Kriterium genügen. Bei diesem Kriterium handelt es sich um die Entsprechung dessen, was der kategorische Imperativ in der Individualethik leistet, in der Rechtssphäre.

Wenn nun das Recht Bestimmungen mit Zwangscharakter enthält – und Kant stimmt zu, dass dies unvermeidlich ist –, so muss der Zwang eigens gerechtfertigt werden. Dies kann aber nur geschehen durch den Nachweis, dass der Verzicht auf Zwang unter Umständen Unrecht zur Folge hat, d.h. einen illegitimen Eingriff in die Freiheitsrechte Beteiligter zulässt. Das Gewaltmonopol des Staates ist also nur dadurch bzw. insoweit zu rechtfertigen, als die Gewalt des Staates die äußere Freiheit aller Individuen schützt, deren Recht es ist, al-

**Recht** ist Kant zufolge »der Inbegriff der Bedingungen, unter denen die Willkür des einen mit der Willkür des andern nach einem allgemeinen Gesetze der Freiheit zusammen vereinigt werden kann«. *(MS B 33)* les zu tun, was mit der äußeren Freiheit der anderen nicht als unverträglich erscheint. Ob es moralisch richtig ist zu tun, worauf der äußeren Freiheit nach ein Recht besteht, darüber wird indes nicht in der Rechtssphäre entschieden, sondern mittels des kategorischen Imperativs in der personalen Ethik. Der Staat hat also keine Befugnis, Gesinnungen zu prüfen und zu sanktionieren.

Wie in der personalen Ethik die Menschenwürde in der inneren Freiheit des autonomen Willens begründet liegt, so bildet in der Sphäre der öffentlichen Ethik die äußere Freiheit, die jederzeit mit derjenigen aller anderen verträglich sein soll, das entscheidende Kriterium.

Dieses Menschenrecht gilt ohne alle weiteren Bedingungen für jeden von Menschen Abstammenden ohne Ansehen seiner sonstigen Umstände, Eigenschaften und Verhältnisse und aus keinem weiteren Grund, als dass er ein Mensch ist. Das gebietet die praktische Vernunft, insofern die innere Freiheit die äußere als Bedingung ihrer Möglichkeit voraussetzt.

Der Staat hat dieses Recht zu sichern, darin liegt seine Legitimation. Die Legitimität des Staates und seiner Befugnis zum Zwang ist darum sekundär, weil abgeleitet aus dem Sicherungsbedürfnis der freien Menschen. Deshalb hat der Staat das Menschenrecht und die sich daraus ergebenden Rechtsansprüche zu respektieren. Um so merkwürdiger erscheint es, dass Kant nun nicht jedem Menschen alle aus dem allgemeinen Menschenrecht resultierenden Einzelrechte zubilligt. Zwar leitet er das Recht auf Meinungsfreiheit ab ebenso wie die Freiheit der Wissenschaft und der Kunst. Er zeigt die Unvereinbarkeit der Leibeigenschaft und des Adelsprivilegs, der despotischen Herrschaft und des Kolonialismus mit dem Menschenrecht. Aber das Wahlrecht behält er beispielsweise der selbstständigen bürgerlichen Persönlichkeit vor, indem er von den drei Idea-

---

> Freiheit (Unabhängigkeit von eines anderen nötigender Willkür), sofern sie mit jedes anderen Freiheit nach einem allgemeinen Gesetz zusammen bestehen kann, ist dieses einzige, ursprüngliche, jedem Menschen, kraft seiner Menschheit, zustehende Recht.
>
> *Immanel Kant (MS B 45)*

len der Französischen Revolution Freiheit, Gleichheit und Brüderlichkeit letzteres als »bürgerliche Selbstständigkeit« fasst.

Nicht jeder Mensch gilt in diesem Sinne als Bürger: »Der Geselle bei einem Kaufmann, oder bei einem Handwerker; der Dienstbote ...; der Unmündige ...; alles Frauenzimmer, und überhaupt jedermann, der nicht nach eigenem Betrieb, sondern nach der Verfügung anderer (außer der des Staats), genötigt ist, seine Existenz (Nahrung und Schutz) zu erhalten, entbehrt der bürgerlichen Persönlichkeit, und seine Existenz ist gleichsam nur Inhärenz«. (MS B 197) Hier teilt Kant ein folgenschweres Vorurteil nicht nur seiner Zeit; die Ausübung bestimmter Menschenrechte wird zwar nicht mehr vom Status der Geburt, aber doch von der wirtschaftlichen Unabhängigkeit abhängig gemacht.

In einem wichtigen Punkt indes räumt Kant auch den Bürgern keine Selbstständigkeit ein. Unter keinerlei Umständen nämlich will Kant ihm ein Widerstandsrecht zugestehen, selbst wenn ein unerträglicher Missbrauch der obersten Gewalt vorliegt. Das ist nicht nur inkonsequent, gemessen an seiner eigenen Herleitung der Legitimität staatlicher Gewalt; es ist auch kaum verständlich angesichts seiner enthusiastischen Begrüßung der Französischen Revolution, die sich ja schließlich

Moralisch gemein scheint es uns, wenn eine Frau nicht als diese Eine, sondern als eine Frau (die zufällig gerade diese ist), also als Allgemeines angesehen, behandelt oder geliebt wird. Diese Gemeinheit ist zwar mit der von Kant behandelten Gemeinheit (Benutzung einer Person als bloßen »Mittels«) verwandt, identisch aber durchaus nicht. Kants ebenso ledern wie obszön klingende Ehe-Definition in der ›Metaphysik der Sitten‹, sie sei der, mit gegenseitigem Einverständnis stattfindende »wechselseitige Gebrauch, den ein Mensch von eines anderen Geschlechtsorgan und Vermögen macht«, ist völlig blind dagegen, daß selbst im vulgärsten *faire l'amour* immer noch der andere als Mensch begehrt wird. Für Kant entsteht im Grunde die Ehe dadurch, daß am Geschlechtsorgan des anderen, das zwecks »Genuß« gebraucht wird, unseligerweise immer ein ganzer Mensch hängt, der nun in Kauf genommen (moralisch: mitverantwortet) werden muß. Da der »Gebrauch« des anderen ein »Genuß« sei, mache man den Genossenen eo ipso zur »Sache« – und diese Gemeinheit werde nur durch die Gegenseitigkeit des Vertrages ausgelöscht, durch die jede der beiden Personen ihre »Persönlichkeit« zurückgewönne: Man muß schon sagen, die kontraktliche Sanktionierung gegenseitiger Entwürdigung ist eine etwas eigentümliche Methode der Würde-Rettung.

*Günther Anders: ›Lieben gestern. Notizen zur Geschichte des Fühlens‹, München 1986, S. 78f.*

48 Immanuel Kant. Portrait-Stahlstich von Carl Mayer, 1838

auf genau ein solches Widerstandsrecht gegen das Ancien Régime berufen hatte.

## Vom Gewissen zur Einsicht

Gibt es allgemein gültige Werte? Ja. Aber es gibt sie nicht als Größen, welchen in jeder Situation dieselbe Bedeutung zukäme oder welche beispielsweise die immer selbe Wirkung hätten. Es ist sogar möglich zu sagen, dass Kant im Grunde nur einen allgemein gültigen Wert kennt, nämlich die Freiheit, die sich in der Selbstgesetzgebung der praktischen Vernunft manifestiert. Und weil Vernunft sich diese Autonomie selbst verdankt, ist jedes Subjekt als »Träger« von Vernunft sich selbst und allen anderen (Trägern von Vernunft) schuldig, den Geltungsbereich einer selbstgesetzten Maxime im Hinblick auf alle Vernunftwesen zu prüfen, und auf diese Weise die innere und die äußere Freiheit aller Vernunftwesen zu achten.

Die Quelle der Geltung aller Moral ist nunmehr weder eine metaphysische Instanz wie Gott oder eine ewige Idee noch eine innerweltliche Instanz, die als absolut gedacht werden könnte, z. B. ein Monarch, die Verfassung oder das Gewissen. Alle diese möglichen »Instanzen« erweisen sich bei genauer Prüfung als zweifelhaft, fragil oder unbeweisbar. Selbst das Gewissen, die persönlichste und intimste moralische Instanz, erweist sich nach rationalen Kriterien als nicht kontrollierbar.

Es ist dem Menschen nicht möglich, so in die Tiefe seines eigenen Herzens einzuschauen, daß er jemals der Reinigkeit seiner moralischen Absicht und der Lauterkeit seiner Gesinnung auch nur in einer Handlung völlig gewiß sein könnte; wenn er gleich über die Legalität derselben gar nicht zweifelhaft ist.

*Immanuel Kant*

Für Kant ist die Quelle aller gültigen Moralität vielmehr die allen Menschen gemeinsame Vernunft. Transzendental setzt die Vernunft die Freiheit und damit die Menschenwürde aller voraus; empirisch-praktisch ermöglicht nur sie allein den Diskurs über die »moralische Qualität« einer jeweiligen Maxime.

Die Rückbindung der Selbstgesetzgebung an die Forderung nach Allgemeingültigkeit entbindet das Subjekt jedoch nicht von der Notwendigkeit, Werte zu setzen und Handlungen zu verantworten. Einsicht in die Gültigkeit seiner Maximen kann letzten Endes nur der Einzelne selbst »gewinnen«. So wie der einzelnen Person kraft ihrer Zugehörigkeit zum Menschengeschlecht Autonomie und Würde zukommt, so »begründet« dieselbe Person im Zuge der Selbstgesetzgebung die Autonomie und Würde aller anderen Personen. Diesem Wechselverhältnis entspringt die Forderung, beim Verfolgen einer Lebensmaxime allen anderen Personen bzw. deren Willen gleichermaßen gerecht zu werden (Kant spielt in diesem Zusammenhang auf den Gemeinwillen Rousseaus an).

Eine entsprechende Forderung zu erfüllen erwiese sich als unmöglich, wenn sie auf eine ganz bestimmte einzelne Handlungsweise abzielte, die von allen Menschen in gleicher Weise zu vollziehen sei. Stattdessen handelt es sich um Maximen, um generelle Lebenshaltungen, die es nicht nur ermöglichen, sondern auch erfordern, die darin beschlossenen Werte in einen Handlungskontext einzubringen. Demnach ergibt sich ein Handlungsspielraum, was zur Folge hat, dass es – erstens – keine ethische Rezeptur gibt, dass – zweitens – ethische Imperative niemals konkrete Anweisungen enthalten und dass deshalb – drittens – die behauptete Willensfreiheit tatsächlich gegeben ist.

Die geforderte Einsicht in die Notwendigkeit der allgemeinen Gültigkeit einer Maxime wird nun nicht mehr durch eine Deduktion aus »gestifteten« obersten Geboten herbeigeführt,

---

> Die Achtung als moralisches Gefühl ist die Kehrseite unserer Unwürdigkeit, die wir als solche verleugnen, fasziniert wie wir von unseren Trieben sind. Daher ist die Achtung ein negatives Gefühl. Im Gegensatz zur Liebe, die anzieht, impliziert die Achtung Abstoßung, Abhaltung dessen, was fasziniert.
>
> *Sarah Kofman*

sondern verdankt sich prüfender Kritik. Im lebenspraktischen Vollzug entwickeln wir Maximen, nach denen wir unser Leben ausrichten. Allerdings: Irgendeine Moral hat jeder, auch der Ganove. Die kritische Prüfung mit Hilfe des kategorischen Imperativs führt dazu, dass die nicht zu verallgemeinernden Elemente einer Maxime von den verallgemeinerbaren unterschieden werden können. Die »Prüfung« wird aber immer vom bedürftigen Subjekt selbst vollzogen; insofern bleibt seine Bedürfnis- und Interessenlage durch alle Kritik hindurch bestimmend für die Fassung der Maxime als allgemein gültiges Gesetz. Dies ermöglicht die ungebrochene Identifikation des Einzelnen mit seiner Maxime auch dann, wenn diese um die nicht zu verallgemeinernden Elemente reduziert wurde.

In der öffentlichen Ethik verhält es sich gerade umgekehrt. Die äußere Freiheit aller ist zu schützen, und zwar bedingungslos. Nur eine Ausnahme von dieser Regel gibt es, die die Anwendung von Zwang durch die dazu befugte Institution, den Staat, erlaubt und gebietet, wenn nämlich die geforderte Toleranz gegenüber den Freiheitsbedürfnissen der anderen dazu führt, dass sich einer über die anderen erhebt und Toleranz für seine illegitime Herrschaft fordert. An dieser Stelle muss Toleranz streitbar werden, d.h. sie darf ihre eigene Abschaffung nicht tolerieren.

Es muss hier allerdings offen bleiben, ob Kants Grundlegung der Ethik das erbringt, was wir zu unserer moralischen Handlungsorientierung benötigen. Wenig umstritten ist, dass es ihm gelungen ist, ein formal allgemein gültiges Fundament sittlichen Handelns auszuarbeiten. Dass daraus jedoch kaum inhaltlich bestimmte Handlungsanweisungen abzuleiten sind, wird recht unterschiedlich bewertet. Sehen die einen Ethiker darin gerade das Positive, dass damit nämlich die Autonomie der individuellen Werteentscheidung gewahrt bleibt, so er-

Man kann die Geschichte der Menschengattung im großen als die Vollziehung eines verborgenen Plans der Natur ansehen, um eine innerlich- und, zu diesem Zwecke, auch äußerlich-vollkommene Staatsverfassung zu Stande zu bringen, als den einzigen Zustand, in welchem sie alle ihre Anlagen in der Menschheit völlig entwickeln kann.

*Immanuel Kant*

blicken die anderen darin eher den Grund für die Untauglichkeit der Kantischen Ethik im Hinblick auf alltägliche Entscheidungssituationen.

In diesem Zusammenhang geradezu berühmt wurde der Briefwechsel Kants mit Maria von Herbert, einer jungen Baronesse aus Klagenfurt, Mitglied eines philosophisch interessierten Zirkels, die sich in Liebesdingen mit einer höchst lebenspraktischen Frage an den verehrten Philosophen im fernen Königsberg wandte. Die Hintergrundinformation gab zunächst der Vermittler Johann Benjamin Erhard in einem Brief an Kant: »Eine idealische Liebe zu realisiren hat sie sich zuerst einen Menschen übergeben, der ihr Vertrauen mißbrauchte, und wiederum einer solchen Liebe zu Gefallen hat sie dieß einem 2ten Liebhaber gestanden – Dieß ist der Schlüssel zu ihren Brief.« Ist es sittliche Pflicht, die Wahrheit dem Geliebten zu offenbaren, wenn dadurch die Liebe zerstört wird? Und gibt die verlorene Liebe das Recht, Hand an sich zu legen?

Der aus dem Nachlass Kants überlieferte Antwort-Entwurf sei der »erschütterndste Philosophenbrief aller Zeiten«, meinte Walter Benjamin, »erschütternd durch die monumentale Klarheit von Inhalt und Form, noch mehr aber durch die völlige Naivität in der Betrachtung der Geschlechterbeziehung, durch eine kindliche Unwissenheit um die natürlichen Reaktionen der Erotik, die heute jeden Vierzehnjährigen lächeln machen könnte ...« Zutreffender erscheint jedoch die Frage zu sein, in welcher Form die Vernunft dem Gefühlsleben begegnet, aber auch, ob die kategorische Forderung nach Verallgemeinerung der ganz individuell-persönlich erlebten Notsituation gerecht werden kann. Schon die Tatsache, dass Kant länger als ein halbes Jahr brauchte, bis er Maria von Herbert antwortete, verweist wohl darauf, dass er sich hier zu mehr herausgefordert sah, als lediglich den Liebesratgeber zu spielen:

Die wilde Primitivität und die völlig wirre Orthographie dieses Briefes, dem damaligen Leser wohl nicht so ganz ungewohnt, macht auf den heutigen geradezu den kaum noch erträglichen Eindruck eines letzten, verzweifelten Todeskampfes ... Aber eben diese steinerne, undurchdringliche Wand, die wir hier aufgerichtet sehen zwischen einer Welt des Geistes und dem Immoralismus der Natur, scheint uns der erhabenste Kommentar zu der menschlichen Gestalt Kant zu sein.

*Walter Benjamin*

Großer Kant.

Zu dir rufe ich wie ein gläubiger zu seinem Gott um Hilf, um Trost, oder um Bescheid zum Tod, hinlänglich waren mir deine Gründe in deinen Werken vor das künftige seyn, daher meine Zuflucht zu dir, nur vor dieses leben fand ich nichts, gar nichts, was mir mein verlohrnes Gut ersezen könnt, den ich liebte einen gegenstand der in meiner Anschauung alles in sich faste, so das ich nur vor ihn lebte er war mir ein gegensaz vor das übrüge, dan alles andere schien mir ein Tand und alle Menschen waren vor mich wie auch wirklich wie ein gwasch ohne inhalt, nun diesen gegenstand hab ich durch eine langwirige lug beleidigt, die ich ihn jezt entekte, doch war vür mein karakter nichts nachteihliges darin enthalten, dan ich habe kein laster in meinen leben zu verschweigen gehabt, doch die lug allein war ihn genug, und seine liebe verschwand, er ist ein Ehrlicher Mann, darum versagt er mir nicht Freindschaft und treu, aber dasjenige innige gefühl welches uns ungerufen zu einander fürte ist nicht mehr, o mein Herz springt in Tausend stük, wen ich nicht schon so viel von ihnen gelesen hätte, so häte ich mein leben gewis schon mit gewalt geändet, so aber haltet mich der schlus zurük den ich aus ihrer Tehorie ziehen muste, das ich nicht sterben soll, wegen meinen quelenden leben, sondern ich solt leben wegen meinen daseyn, nun sezen sie sich in meine lag und geben sie mir trost oder verdamung, metaphisik der Sitten hab ich gelesen samt den Kategorischen inperatif, hilft mir nichts, meine vernunft verlast mich wo ich sie am besten brauch eine antwort ich beschwöre dich, oder du kanst nach deinen aufgeseten imperatif selbst nicht handln.

Die adres an mich ist Maria Herbert in Kärntn a Klagenfurt bei der Bleiweis Fabriek abzugeben wen sie es lieber den Reinhold (einschicken) wolten weil die bosten da doch (sicherer?) sind.

*Maria von Herbert an Immanuel Kant (August 1791)*

Ihr affectvoller Brief aus einem Herzen entsprungen das für Tugend und Rechtschaffenheit gemacht seyn muß weil es für eine Lehre derselben so empfänglich ist die nichts Einschmeichelndes bey sich führt reißt mich dahin fort wo sie mich hin verlangen namlich mich in ihre Lage zu versetzen und so über das Mittel einer reinen moralischen und dadurch allein gründlichen Beruhigung für sie nachzudenken ...

Einer solchen Liebe die allein Tugend (die andere aber blos blinde Neigung) ist will sich gänzlich mittheilen und erwartet von Seiten des anderen eine eben solche Herzensmittheilung die durch keine mistrauische Zurückhaltung geschwächt ist ...

Von jener Zurückhaltung, aber als dem Mangel dieser Offenherzigkeit die man wie es scheint in ihrem ganzen Maaße der menschlichen Natur nicht zumuthen darf (weil jedermann besorgt wenn er sich vollig entdeckte von dem Andern gering geschätzt zu werden) ist doch der Mangel der Aufrichtigkeit als eine Unwahrhaftigkeit in wirklicher Mittheilung unserer Gedanken noch gar sehr unterschieden. Jene gehört zu den Schranken unserer Natur und verdirbt eigentlich noch nicht den Character sondern ist nur ein Übel welches hindert alles Gute was aus demselben möglich wäre daraus zu ziehen. Diese aber ist eine Corruption der Denkungsart und ein positives Böse. Was der Aufrichtige aber Zurükhaltende (nicht Offenherzige) sagt ist zwar alles wahr nur er sagt nicht die ganze Wahrheit. Dagegen der Unaufrichtige etwas sagt [das] dessen er sich als falsch bewust ist. Die Aussage von der letzteren Art heißt in der Tugendlehre Lüge. Diese mag auch ganz unschädlich sey[n] so ist sie darum doch nicht unschuldig; vielmehr ist sie eine schweere Verletzung der Pflicht gegen sich selbst und zwar einer solchen die ganz unerlaslich ist weil ihre Übertretung die Würde der Menschheit in unserer eigenen Person herabsetzt und die Denkungsart in ihrer Wurzel angreift denn Betrug macht alles zweifelhaft und verdächtig und benimmt selbst der Tugend alles Vertrauen wenn man sie nach ihrem Äußeren beurtheilen soll ...

*Aus Kants Brief-Entwurf an Maria von Herbert (Frühjahr 1792)*

# Geschichte und Religion: Gibt es den umfassenden Sinn?

»Was darf ich hoffen?« ist die dritte der drei großen Menschheitsfragen, die Kant bewegten und mit ihm wohl wirklich die ganze Menschheit. Gemeint ist damit die Frage nach der Gesamtperspektive, in der mein Handeln steht. Wenn ich mich frage, was ich tun soll, erweitert sich dies bald zur Frage, welchem Zweck das alles »im Ganzen« dient, welchen »Sinn« es macht, auch, was *ich* davon habe, wenn ich der unbedingten Pflicht genüge. Die Antwort sucht Kant – gemäß seiner Unterscheidung zwischen äußerer und innerer Freiheit – in den beiden Dimensionen möglicher menschlicher Sinnerfahrung und Sinngebung: in der Geschichte und in der Religion.

## Der Fortschritt zum ewigen Frieden als Sinnhorizont

Die Beiträge Kants zur Geschichtsphilosophie finden sich nicht in Hauptwerken gebündelt; sie sind vielmehr in kleineren Schriften verstreut wie der ›Idee zu einer allgemeinen Geschichte in weltbürgerlicher Absicht‹ aus dem Jahre 1784, Texten wie ›Mutmaßlicher Anfang der Menschengeschichte‹ von 1786 oder ›Zum ewigen Frieden‹ von 1795. Im ›Streit der Fakultäten‹ von 1798 wird beispielsweise die Frage erörtert, »ob das menschliche Geschlecht im beständigen Fortschreiten zum Besseren sei«. (SF A 131)

49 Faksimileauszug aus Kants Schrift ›Zum ewigen Frieden‹

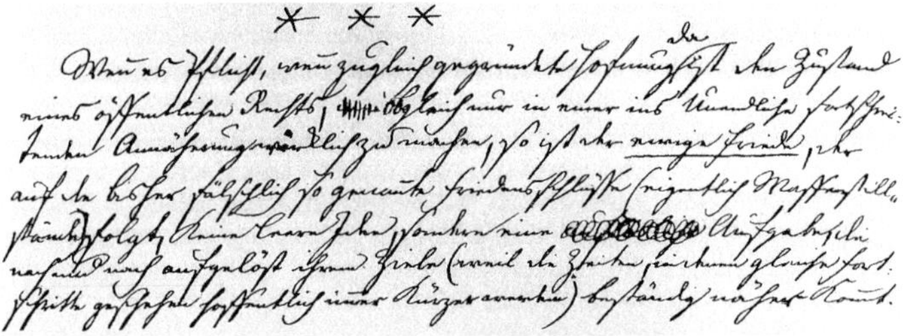

Die Frage nach dem Sinn der Geschichte ist für Kant nicht die Frage nach empirisch erforschbaren Abläufen in Vergangenheit und Zukunft, sondern nach Anfang und Ende, nach Ursprung und Ziel des Menschengeschlechts. Aber gerade diese Frage ist weder vom Anfang noch vom Ende her beantwortbar, sondern nur im Hinblick auf die Verflechtung menschlichen Handelns in Vergangenheit und Zukunft. Freiheit als transzendentale Bedingung der Möglichkeit geschichtlichen Handelns ist deshalb auch die leitende Idee der Kantischen Geschichtsphilosophie.

Dementsprechend kann Kant auch die in der Bibel niedergelegte Schöpfungsgeschichte, die er eine »Geschichte der ersten Entwickelung der Freiheit aus ihrer ursprünglichen Anlage in der Natur des Menschen« (MAM A 2) nennt, philosophisch fruchtbar interpretieren. Ursprünglich findet sich der Mensch im paradiesischen Zustand der Glückseligkeit, allerdings ohne sich dessen bewusst zu sein. Weder ein Wissen bzw. ein Bewusstsein von sich selbst noch ein Wille »trennen« den Menschen von der Natur; insofern ist er hier wie das Tier, ohne Vernunft, ohne Freiheit und ohne Schuld. Dann aber entdeckt er »in sich ein Vermögen, sich selbst eine Lebensweise auszuwählen, und nicht gleich anderen Tieren an eine einzige gebunden zu sein«. (MAM A 7)

Kant deutet den Anfang der Menschheitsgeschichte in ähnlicher Weise, wie er zwei Jahre zuvor die Frage »Was ist Aufklärung?« beantwortet hatte, nämlich als »Ausgang des Men-

Der Sinn, der sich ersinnen läßt,
ist nicht der ewige Sinn.
Der Name, der sich nennen läßt,
ist nicht der ewige Name.
»Nichtsein« nenne ich den Anfang von Himmel und Erde.
»Sein« nenne ich die Mutter der Einzelwesen.
Darum führt die Richtung auf das Nichtsein
zum Schauen des wunderbaren Wesens,
die Richtung auf das Sein
zum Schauen der räumlichen Begrenztheiten.
Beides ist eins dem Ursprung nach
und nur verschieden durch den Namen.
In seiner Einheit heißt es das Geheimnis.
Des Geheimnisses noch tieferes Geheimnis
ist das Tor, durch das alle Wunder hervortreten. *Laotse*

schen … aus der Vormundschaft der Natur in den Stand der Freiheit« (MAM A 12f.), nur dass hier nicht die Vormundschaft, sondern im Gegenteil das Ergreifen der Freiheit selbstverantwortet ist. So bedeutet dieser Schritt in der Entwicklungsgeschichte des Menschen etwas Gegensätzliches, je nachdem ob das Gattungswesen Mensch oder das einzelne Individuum in den Blick genommen wird. Die Entwicklung von Vernunft und Freiheit ist für die Menschheit ein stetiges Fortschreiten zum Guten; je umfassender und komplexer das Bewusstsein von sich und der Welt in der Freiheit des Handelns realisiert wird, desto vollkommener wird das naturhaft angelegte Potential der Gattung Wirklichkeit. Den einzelnen Menschen jedoch eröffnet die Entdeckung der Freiheit auch die Entscheidung zum Bösen; der Verlust der Instinktgebundenheit macht Sittlichkeit zwar überhaupt erst möglich, zunächst aber gerade durch die Realisierung unzähliger Möglichkeiten sittlicher Verfehlung.

»Indessen ist dieser Gang, der für die Gattung ein *Fortschritt* vom Schlechteren zum Besseren ist, nicht eben das nämliche für das Individuum. Ehe die Vernunft erwachte, war noch kein Gebot oder Verbot, und also noch keine Übertretung; als sie aber ihr Geschäft anfing, und, schwach wie sie ist, mit der Tierheit und deren ganzen Stärke ins Gemenge kam, so mußten Übel, und, was ärger ist, bei kultivierterer Vernunft Laster entspringen, die dem Stande der Unwissenheit, mithin der Unschuld, ganz fremd waren. Der erste Schritt also aus diesem Stande war auf der sittlichen Seite ein *Fall*; auf der physischen waren eine Menge nie gekannter Übel des Lebens die Folge dieses Falls, mithin Strafe. Die Geschichte der *Natur* fängt also vom Guten an, denn sie ist das Werk Gottes; die Geschichte der *Freiheit* vom Bösen, denn sie ist *Menschenwerk*.« (MAM A 13)

Diese Deutung des biblischen Sündenfalls findet ihre kongeniale Ergänzung in Heinrich von Kleists Erzählung ›Über

»Nun, mein vortrefflicher Freund«, sagte Herr C…, »so sind Sie im Besitz von allem, was nötig ist, um mich zu begreifen. Wir sehen, daß in dem Maße, als, in der organischen Welt, die Reflexion dunkler und schwächer wird, die Grazie darin immer strahlender und herrschender hervortritt. – Doch so, wie sich der Durchschnitt zweier Linien, auf der einen Seite eines Punkts, nach dem Durchgang durch das Unendliche, plötzlich wieder auf der andern Seite einfindet, oder das Bild des Hohlspiegels, nachdem es sich in das Unendliche entfernt hat, plötzlich wieder dicht vor uns tritt, so findet das Marionettentheater‹; demnach soll die verlorene Unschuld durch unendliche, vollkommene Bewusstheit wiedererlangt werden. Kant selber knüpft bei Rousseau an, dessen programmatischer Aufruf »Zurück zur Natur!« im gleichen Zusammenhang steht. Der Übergang von der Natur zur Kultur ist in der Tat ein Widerstreit und ein Fall, sagt Kant, aber doch unvermeidlich; denn es geht gerade um die Entwicklung einer Sittlichkeit, die in Kenntnis der Fähigkeit zum Bösen das Gute will und danach handelt. Darum ist für Kant ein Zurück zum Naturzustand des Menschen nicht nur kein erstrebenswertes Ziel; im Gegenteil, der Sinn der Menschheitsgeschichte liegt in der stetig fortschreitenden, vielleicht irgendwann vollkommenen Freiheit, die eigene Natur zu bestimmen und sie dementsprechend zu regieren. Die Menschen erarbeiten ihren Sinn in der Geschichte durch die Kultivierung der »Rohigkeit« (MAM A 12), wie sie dem Naturzustand eignet, zum vollendeten Freiheitszustand.

Die äußere Freiheit, um deren Sicherung es in der Menschengeschichte geht, wird gewährleistet durch den Fortschritt im Recht. Aber nach Kant ist dieser Fortschritt nicht eigentlich das Ergebnis geplanter menschlicher Tätigkeit, also individueller Handlungen, und natürlich ebenso wenig eine Instinktleistung. Kant postuliert vielmehr eine Naturabsicht, die die Gattung Mensch in der Abfolge der Generationen vollzieht, aber nicht individuell verantwortlich vollbringt. Der Antagonismus zwischen Egoismus und Gemeinschaftlichkeit, zwischen Vereinzelung und Vergesellschaftung, den Kant als »ungesellige Geselligkeit der Menschen« (IaG A 392) zusammenfasst, führt mit Notwendigkeit zur fortschreitenden Entwicklung von Rechtsstaatlichkeit im Inneren, aber eben auch zwischen den Staaten.

Der ewige Friede zwischen allen Staaten ist eine regulative Idee, auf die sich der Rechtsfortschritt zubewegt. Ob jeglicher

---

sich auch, wenn die Erkenntnis gleichsam durch ein Unendliches gegangen ist, die Grazie wieder ein; so, daß sie, zu gleicher Zeit, in demjenigen menschlichen Körperbau am reinsten erscheint, der entweder gar keins, oder ein unendliches Bewußtsein hat, d. h. in dem Gliedermann oder in dem Gott!« »Mithin«, sagte ich ein wenig zerstreut, »müßten wir wieder von dem Baum der Erkenntnis essen, um in den Stand der Unschuld zurückzufallen?« »Allerdings«, antwortete er, »das ist das letzte Kapitel von der Geschichte der Welt.« *Heinrich von Kleist, ›Über das Marionettentheater‹*

Krieg abgeschafft werden kann, bleibt fraglich, da Kant Gewaltbereitschaft als Wesensmerkmal der menschlichen Natur begreift. »Man muß gestehen: daß die größten Übel, welche gesittete Völker drücken, uns vom *Kriege*, und zwar nicht so sehr von dem, der wirklich oder gewesen ist, als von der nie nachlassenden und so gar unaufhörlich vermehrten *Zurüstung* zum künftigen, zugezogen werden. Hiezu werden alle Kräfte des Staats, alle Früchte seiner Kultur, die zu einer noch größeren Kultur gebraucht werden könnten, verwandt ... Auf der Stufe der Kultur also, worauf das menschliche Geschlecht noch steht, ist der Krieg ein unentbehrliches Mittel, diese noch weiter zu bringen; und nur nach einer (Gott weiß wann) vollendeten Kultur würde ein immerwährender Friede für uns heilsam und auch durch jene allein möglich sein.« (MAM A 23f.)

Der Krieg als größtes Übel und gleichzeitig als (jetzt augenscheinlich noch) unentbehrliches Mittel, die Kultivierung der menschlichen Gesellschaften gleichsam unter der Hand voranzutreiben: Nach der Erfahrung von zwei Weltkriegen im 20. Jahrhundert ist derlei Optimismus kaum mehr nachzuvollziehen. Tatsächlich wurde im Anschluss an die Weltkriege ernsthaft versucht, Kants Idee von der weltweiten Friedensgemeinschaft zu realisieren: Nach dem Ersten Weltkrieg wurde der Völkerbund, nach dem Zweiten wurden die Vereinten Nationen gegründet. Der Versuch, die äußere Freiheit der Menschen durch umfassende, letztlich weltweit gültige und allseitig anerkannte Rechtsverhältnisse zu sichern: Das ist für Kant der perspektivische Sinn der Geschichte des Menschengeschlechts.

---

Ein Staat ist nämlich nicht wie etwa der Boden, auf dem er seinen Sitz hat, eine Habe. Er ist eine Gesellschaft von Menschen, über die niemand anders als er selbst zu gebieten und zu disponieren hat. Ihn aber, der selbst als Stamm seine eigene Wurzel hatte, einem anderen Staate einzuverleiben, heißt seine Existenz als einer moralischen Person aufzuheben und aus der letzteren eine Sache machen, und widerspricht also der Idee des ursprünglichen Vertrags, ohne die sich kein Recht über ein Volk denken läßt. *Immanuel Kant*

## Die Religion der praktischen Vernunft

Das Hoffen des einzelnen Menschen auf Sinn richtet sich nach Kant auf die Dimension der Religion. Seine Religionsphilosophie entwickelt Kant zum einen im zweiten Buch der ›Kritik der praktischen Vernunft‹, zum anderen vor allem 1793 in ›Die Religion innerhalb der Grenzen der bloßen Vernunft‹ – jenem Werk, das den Zensurstreit mit dem preußischen Staat auslöste. Religion ist für Kant nicht mehr Gegenstand der Theologie, sondern der Ethik. In seiner Kritik der Gottesbeweise zeigte er, dass Gott in philosophischer Sicht weder gewusst noch geglaubt werden kann. Aber es kann (und sollte) auf Gott gehofft werden. Deshalb vermag zwar die praktische Vernunft, die nach dem umfassenden Sinn als ihrem »höchsten Gut« fragt, die Moralität nicht auf dem Dasein Gottes (als Fundament) zu gründen, sondern auf der Achtung vor dem Sittengesetz. Aber die Moralität zieht unweigerlich die Hoffnung auf das Dasein Gottes nach sich.

Die Existenz eines solchen »machthabenden moralischen Gesetzgebers außer dem Menschen« wird also nicht als Erkenntnisgegenstand der reinen (theoretischen) Vernunft bewiesen, sondern als Postulat der reinen (praktischen) Ver-

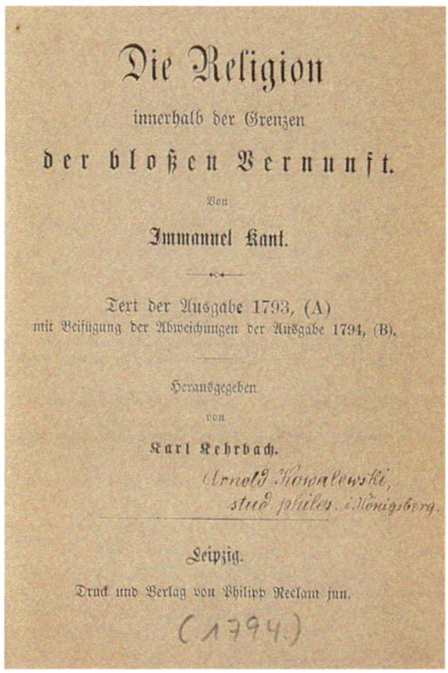
Die Religion
innerhalb der Grenzen
der bloßen Vernunft.
Von
Immanuel Kant.
Text der Ausgabe 1793, (A)
mit Beifügung der Abweichungen der Ausgabe 1794, (B).
Herausgegeben
von
Karl Kehrbach.
Arnold Kowalewski,
stud. philos. i. Königsberg.
Leipzig.
Druck und Verlag von Philipp Reclam jun.
(1794.)

50 Titelseite der 1793 veröffentlichten Schrift ›Die Religion innerhalb der Grenzen der bloßen Vernunft‹

Alle Völker haben das Recht auf Selbstbestimmung. Kraft dieses Rechts entscheiden sie frei über ihren politischen Status und verfolgen in Freiheit ihre wirtschaftliche, soziale und kulturelle Entwicklung.

*Artikel 1 Absatz 1 der Menschenrechtskonventionen der Vereinten Nationen vom 16. Dezember 1966* nunft erwiesen, nämlich als notwendige innere Voraussetzung, die mit dem praktischen Hoffen auf vollendeten Sinn untrennbar verknüpft ist. Wir hoffen, und was auch immer wir im Einzelnen erhoffen: Immer und notwendigerweise ist darin ausdrücklich oder unausdrücklich mitenthalten der Wille, dass das einzelne erstrebte Gute aufgehoben sein soll in einem letztlich alles umfassenden Vollkommenen, das dem Einzelnen seinen Sinn innerhalb des Ganzen gibt.

Das Sinnbedürfnis, das in jedem einzelnen Hoffen sich mitausdrückt, kann nur als erfüllbar gedacht werden, wenn man das Dasein Gottes unterstellt. Diese »Unterstellung« ist keine Erkenntnis aus theoretischem Vermögen, sondern eine »Einsicht« aus praktischer Vernunft. Dazu ist allerdings kritisch anzumerken, dass eigens gezeigt werden müsste, dass das Sinnbedürfnis des Menschen überhaupt zwingend als erfüllbar gedacht werden *muss*. Neben manchen anderen haben Friedrich Nietzsche im 19. Jahrhundert und Albert Camus im 20. Jahrhundert besonders eindrucksvoll die Unverhältnismäßigkeit zwischen bestehendem Sinnbedürfnis und fehlender Sinnerfüllung als »Konstruktionsfehler« des menschlichen Daseins aufgezeigt.

Die Argumentation Kants lässt sich so zusammenfassen: Der Mensch strebt nach Glück, aber seinem Wesen nach ist das oberste Gut die Moralität. Glück und Moralität fallen nun häufig nicht zusammen; das vollkommene oder höchste Gut ist darum erst dann erreicht, wenn Glück und Moralität übereinstimmen. Dazu ist eine Macht vonnöten, die dem Maß an Moralität das zugehörige Maß an Glück zuordnet. Diese Macht muss allwissend, allmächtig und heilig sein, damit sie diese Zuordnung immer und unbestechlich und genau zutreffend vornehmen kann. Die Hoffnung setzt also auf Gott als den »machthabenden moralischen Gesetzgeber außer dem Menschen«. Dass Gott hier prak-

> Moral also führt unumgänglich zur Religion, wodurch sie sich zur Idee eines machthabenden moralischen Gesetzgebers außer dem Menschen erweitert, in dessen Willen dasjenige Endzweck (der Weltschöpfung) ist, was zugleich der Endzweck des Menschen sein kann und soll.
>
> *Immanuel Kant (RGV B IXf.)*

tisch nur durch seine Funktion für die Vollendung menschlichen Strebens hergeleitet und letztlich dessen Autonomie untergeordnet wird, ist aus der rein philosophischen Perspektive »innerhalb den Grenzen der bloßen Vernunft« erklärlich; einer christlichen Theologie allerdings, die von einer Offenbarung ihren Anfang nimmt und zu der sich Kant immerhin nicht im Gegensatz sah, kann diese Sicht wohl kaum genügen.

Neben dem Dasein Gottes postuliert die reine praktische Vernunft im Hoffen auf das höchste Gut ein zweites Moment, nämlich die Unsterblichkeit der Seele. Diese »tröstende Hoffnung« in aller Hoffnung entspringt nach Kant der Tatsache, dass die Vollendung der Moralität, die ihrerseits in der vollständigen Übereinstimmung zwischen dem Sittengesetz und der Gesinnung besteht, keinem Menschen zu irgendeinem Zeitpunkt gelingen kann. Die Bedingung der Möglichkeit vollendeter Moralität ist deshalb die unendlich fortdauernde Existenz der individuellen Person: »Die völlige Angemessenheit des Willens aber zum moralischen Gesetze ist *Heiligkeit*, eine Vollkommenheit, deren kein vernünftiges Wesen der Sinnenwelt, in keinem Zeitpunkte seines Daseins, fähig ist. Da sie indessen gleichwohl als praktisch notwendig gefordert wird, so kann sie nur in einem ins *Unendliche* gehenden *Progressus* zu jener völligen Angemessenheit angetroffen werden, und es ist, nach Prinzipien der reinen praktischen Vernunft, notwendig, eine solche praktische Fortschreitung als das reale Objekt unseres Willens anzunehmen. Dieser unendliche Progressus ist aber nur unter Voraussetzung einer ins *Unendliche* fortdaurenden *Existenz* und Persönlichkeit desselben vernünftigen Wesens (welche man die Unsterblichkeit der Seele nennt) möglich.« (KpV A 220)

Auch hier bleibt eine Unterstellung ungeklärt, dass nämlich das tatsächlich feststellbare Streben nach dem moralisch

51 Friedrich Nietzsche (1844–1900)

52 Albert Camus (1913–1960)

Höheren bis hin zum höchsten Gut seine Vollendung bzw. endgültige Erfüllung zwingend nach sich zieht. Sicherlich bezeichnet Kant dies als Postulat der reinen praktischen Vernunft, worunter er ausdrücklich »einen *theoretischen*, als solchen aber nicht erweislichen Satz« (KpV A 220) versteht. Vielleicht kommen wir der Sache am nächsten, wenn wir das Postulat als Satz des Hoffens und nicht als Faktizität erheischende Aussage verstehen, so wie eben die Rede von der Unsterblichkeit der Seele den Inhalt des Hoffens darstellt, nicht aber auf eine tatsächliche Gegebenheit verweist.

## Die Freiheit zum Bösen und zum Guten

Gibt es den umfassenden Sinn? Ja. Aber wenn Religion ihrem Wesen nach als eine Folge der Moral und nicht umgekehrt gedacht wird, dann stehen weder Gott noch die Unsterblichkeit der Seele im Zentrum der Betrachtung, sondern die Freiheit des Menschen zum Guten und zum Bösen, dementsprechend ist hier auch der Sinn des personalen Lebens zu suchen. Jeder Religion eignet eine mehr oder weniger dezidierte Auffassung hinsichtlich der Frage, ob der Mensch von Natur aus gut oder böse sei und in welchem Verhältnis dazu die menschliche Freiheit stehe. Kant stellt stattdessen zunächst die Frage, »ob nicht ein Mittleres wenigstens möglich sei, nämlich daß der Mensch in seiner Gattung weder gut noch böse, oder allenfalls auch eines sowohl als das andere, zum Teil gut, zum Teil böse sein könne«. (RGV B 5)

Ein Mensch ist nicht wegen dieser oder jener Handlung böse oder gut, sagt Kant, sondern wegen der von ihm vertretenen guten oder bösen, d. h. mit dem Sittengesetz übereinstimmenden oder diesem nicht genügenden Maxime. Er selbst ist

> Ich weiß nicht, ob diese Welt einen Sinn hat, der über mich hinausgeht. Aber ich weiß, daß ich diesen Sinn nicht kenne ... Diese beiden Gewißheiten – mein Verlangen nach Absolutem und nach Einheit und das Unvermögen, diese Welt auf ein rationales, vernunftgemäßes Prinzip zurückzuführen – kann ich nicht miteinander vereinigen. Was für eine andere Wahrheit kann ich erkennen, ohne zu lügen, ohne eine Hoffnung einzuschalten, die ich nicht habe und die innerhalb meiner Situation nichts besagt?
>
> *Albert Camus*

es, der sich im Gebrauch seiner Willensfreiheit als gut oder böse erweist; die Natur bietet lediglich Handlungsmöglichkeiten an oder legt sie nahe (wie bei den »Trieben«). »Wenn wir also sagen: der Mensch ist von Natur gut, oder, er ist von Natur böse: so bedeutet dieses nur so viel, als: er enthält einen (uns unerforschlichen) ersten Grund der Annehmung guter, oder der Annehmung böser (gesetzwidriger) Maximen; und zwar allgemein als Mensch ...« (RGV B 7f.)

»Uns unerforschlich« ist die Freiheit, die dem Menschen die Fähigkeit eröffnet, sich für eine böse Maxime zu entscheiden; insofern ist Freiheit »ein *natürlicher* Hang des Menschen zum Bösen«. (RGV B 21) Die Überschrift des ersten Stücks der ›Religion innerhalb der Grenzen der bloßen Vernunft‹ spricht darum schon »Von der Einwohnung des bösen Prinzips neben dem guten: oder über das radikale Böse in der menschlichen Natur«. (RGV B 3) Das radikale Böse meint nicht, dass der Mensch von Natur aus durch und durch böse sei, wohl aber, dass er wurzelhaft böse sei, also eine echte, mit der Fähigkeit zum Guten gleichrangige Fähigkeit zum Bösen habe.

Die Freiheit auch zum Bösen, die im Menschen gleichursprünglich mit der Freiheit zum Guten eingewurzelt ist, bleibt aber immer noch Freiheit; die Entscheidung kann und muss immer noch selbst getroffen werden. Da aber selbst beim Gerechtesten die Befähigung zum Bösen vorausgesetzt werden muss, die noch vor aller persönlichen Handlung einen »Hang« darstellt, der ihm als Mitglied des Menschengeschlechts zugerechnet werden muss, »so werden wir diesen einen natürlichen Hang zum Bösen, und, da er doch immer selbstverschuldet sein muss, ihn selbst ein *radikales*, angebornes (nichts destoweniger aber uns von uns selbst zugezogenes) *Böse* in der menschlichen Natur nennen können«. (RGV B 27)

Wenn wir also sagen: der Mensch ist von Natur gut, oder, er ist von Natur böse: so bedeutet dieses nur so viel, als: er enthält einen (uns unerforschlichen) ersten Grund der Annehmung guter, oder der Annehmung böser (gesetzwidriger) Maximen; und zwar allgemein als Mensch ...

*Immanuel Kant (RGV B 7f.)*

Der Sinn des individuellen Lebens liegt somit darin, den angeborenen grundlegenden Hang zum Bösen, d.h. die Bereitschaft zur Adaption böser Maximen kraft der Befähigung zu vernunftgeleiteter Entscheidung zu überwinden. Die Parallele zur christlichen Lehre von der Erbsünde, die hier anklingt, kommt nicht von ungefähr. Im weiteren Verlauf seiner »philosophischen Religionslehre« entwirft Kant auch eine »philosophische Christologie«. Christus, der »Sohn Gottes«, ist die »personifizierte Idee des guten Prinzips« (RGV B 73) und trägt beispielhaft den »Kampf des guten Prinzips, mit dem bösen, um

Zu wissen, ob der Mensch frei ist, interessiert mich nicht ... Das Problem der »Freiheit an sich« hat keinen Sinn. Es ist nämlich auf eine ganz andere Art an das Gottesproblem gebunden. Wissen, ob der Mensch frei ist, verlangt, daß man weiß, ob er einen Herrn haben kann. Die besondere Absurdität dieses Problems kommt daher, daß der Begriff selber, der das Problem der Freiheit möglich macht, ihm gleichzeitig jeden Sinn entzieht. Denn vor Gott gibt es weniger ein Problem der Freiheit als ein Problem des Bösen. Wir kennen die Alternative: entweder sind wir nicht frei, und der allmächtige Gott ist für das Böse verantwortlich. Oder wir sind frei und verantwortlich, aber Gott ist nicht allmächtig. Alle scholastischen Spitzfindigkeiten haben der Schärfe dieses Paradoxons nichts hinzugefügt und nichts genommen. *Albert Camus* die Herrschaft über den Menschen« (RGV B 67) aus. Das Ende dieses Kampfes ist, was auch der »Zweck« (Sinn) der Schöpfung ist: »die *Menschheit* (das vernünftige Weltwesen überhaupt) *in ihrer moralischen ganzen Vollkommenheit*«. (RGV B 73)

Sogar vom »Sieg des guten Prinzips über das böse, und die Gründung eines Reichs Gottes auf Erden« spricht Kant im dritten Teil seiner philosophischen Religionslehre und meint mit dem Letzteren eine Gemeinschaft aller Menschen guten Willens, die ihrerseits eine unsichtbare Kirche bilden. Diese Kirche ist nicht irdisch verfasst oder gar politisch-programmatischen Ansprüchen verpflichtet; sie ist weder sozial noch geographisch oder kulturell gegliedert, sie ist kein Mythos, und sie greift auch weder auf Mythos noch Kult zurück. Es ist die allen Religionen gemeinsame Religion, wie sie auch Lessing in seiner Ringparabel vor Augen gestellt hat, und die als Grundidee das ganze Zeitalter der Aufklärung geprägt hat. Es ist die Religion der praktischen Vernunft.

Die Einheit dieses ethischen Zielen verpflichteten Reichs besteht allein in dem gemeinsamen Willen zur Lauterkeit gegenüber der moralischen Gesetzgebung. Die Zugehörigkeit zu dieser Gemeinschaft bildet den moralischen Endzweck der inneren Freiheit, den Sinn des individuellen Lebens. Sie bildet das Analogon zum ewigen Frieden der weltweiten Rechtsgemeinschaft, die ihrerseits den rechtlichen Endzweck der äußeren Freiheit, den Sinn der Menschheit bildet.

Wie bereits angedeutet, geriet Kant mit seiner Abhandlung ›Die Religion innerhalb der Grenzen der bloßen Vernunft‹ in

Mein Rat ist aber der: ihr nehmt / Die Sache völlig wie sie liegt. Hat von / Euch jeder seinen Ring von seinem Vater: / So glaube jeder sicher seinen Ring / Den echten. – Möglich; daß der Vater nun / Die Tyrannei des *einen* Rings nicht länger / In seinem Hause dulden wollen! – Und gewiß; / Daß er euch alle drei geliebt, und gleich / Geliebt: indem er zwei nicht drücken mögen, / Um einen zu begünstigen. – Wohlan! / Es eifre jeder seiner unbestochnen / Von Vorurteilen freien Liebe nach! / Es strebe von euch jeder um die Wette, / Die Kraft des Steins in seinem Ring' an Tag / Zu legen! komme dieser Kraft mit Sanftmut, / Mit herzlicher Verträglichkeit, mit Wohltun, / Mit innigster Ergebenheit in Gott / Zu Hilf'! Und wenn sich dann der Steine Kräfte / Bei euern Kindes-Kindeskindern äußern: / So lad' ich über tausend tausend Jahre / Sie wiederum vor diesen Stuhl. Da wird / Ein weisrer Mann auf diesem Stuhle sitzen / Als ich; und sprechen. Geht! – So sagte der / Bescheidne Richter.

*Gotthold Ephraim Lessing, Schluss der Ringparabel*

53 Friedrich Wilhelm II. (1744–1797)

einen schweren Konflikt mit der Berliner Immediat-Examinations-Kommission, der preußischen Zensurbehörde. Der Nachfolger Friedrichs des Großen auf dem preußischen Thron, Friedrich Wilhelm II., der von 1786 bis 1797 regierte, hatte nämlich die von seinen Vorgängern vorangetriebene Entwicklung Preußens zum aufgeklärten Rechtsstaat teilweise zurückgenommen. Religiöse Toleranz wurde in Preußen seit dem Zensuredikt des Kultusministers Wöllner von 1788 als staatsfeindliche Haltung gewertet. Man darf diese Entwicklung wohl den mystischen Neigungen des Königs zurechnen, der durch den Einfluss Wöllners dem Rosenkreuzerorden verfallen war und ein dessen Auffassung entsprechend verstandenes Christentum de facto zur Staatsreligion erheben wollte. Dass Kants Konzept einer Vernunftreligion dieser Religionspolitik zuwiderlaufen muss, liegt auf der Hand. Für den ersten Teil, der ursprünglich in der ›Berlinischen Monatsschrift‹ erscheinen sollte, erhält man zwar ohne weiteres die Druckerlaubnis, der zweite Teil jedoch kann nicht erscheinen. Es wird bekannt, dass sich der König persönlich gegen Kant ausgesprochen hat; der Monarch schreibt im März 1794 an seinen Minister: »Desgleichen Kantens schädlichen Schriften muß es auch nicht länger fortgehen … diesem Unwesen muß absolut gesteuert werden …« Schon kursiert in ganz Deutschland das Gerücht einer

**Friedrich Wilhelm II.** (1744–1797) war 1786–1797 König von Preußen. Er stand der Französischen Revolution feindselig gegenüber, gegen die er mit Österreich einen Damm zu bilden suchte. In Zusammenhang mit der Zweiten und Dritten Teilung Polens traten jedoch Interessengegensätze mit Österreich auf, so dass er den Baseler Frieden schloss. Im Inneren setzte er der Politik der Aufklärung seines Vorgängers Friedrichs des Großen durch das Religionsedikt und das Zensuredikt von 1788 ein Ende. In seiner Regentschaft trat das Allgemeine Landrecht in Kraft (1794). Zwar setzte er sich fördernd für die

*Kant zu seiner Reaktion »auf Seiner Königl. Majestät allergnädigsten Specialbefehl«:*
Widerruf und Verleugnung seiner inneren Überzeugung ist niederträchtig, aber Schweigen in einem Falle wie der gegenwärtige ist Untertanenpflicht, und wenn alles, was man sagt, wahr sein muß, so ist es darum doch nicht Pflicht, alle Wahrheit öffentlich zu sagen.

bevorstehenden Amtsenthebung und Verbannung Kants. Er selbst scheint sich dieser Gefahr durchaus bewusst gewesen zu sein, schreibt er doch im Mai 1794 an seinen Freund Biester, den Herausgeber der Berlinischen Monatsschrift: »Das Leben ist kurz, vornehmlich das, was nach schon gelebten siebzig Jahren übrigbleibt; um das sorgenfrei zu Ende zu bringen, wird sich doch wohl ein Winkel der Erde ausfinden lassen.« Das aus der Feder eines Mannes, der immer darauf geachtet hat, Königsberg und seine nächste Umgebung nicht verlassen zu müssen! Jedenfalls bringt er gleich im folgenden Monat ein weiteres religionsphilosophisches Werk heraus ›Das Ende aller Dinge‹, wobei er dem Grunde nach bedächtig argumentiert, aber auch immer wieder einmal ironisch, melancholisch, gewitzt und angriffslustig agiert. Das gegenwärtig in Preußen gepflegte Christentum sei mit »gebieterischer Autorität bewaffnet« und entbehre der »moralischen Liebenswürdigkeit«, die man im Namen Christi erwarten könne.

»Auf Seiner Königl. Majestät allergnädigsten Specialbefehl« hin schickt Wöllner eine geharnischte Abmahnung. Sämtliche philosophischen und theologischen Dozenten der Universität Königsberg werden verpflichtet, Kants Religionstheorie zu ignorieren. Zum Erstaunen aller verpflichtete sich auch Kant selbst, nachdem er die Anklagepunkte (eher formal als inhaltlich argumentierend) zurückgewiesen hatte, sich zu Fragen der Religionsphilosophie nicht mehr zu äußern. Sich selbst gegenüber deutete er dies als Ausdruck seiner Untertanenpflicht.

---

Wissenschaften und die Künste ein, konnte aber infolge seiner wenig disziplinierten Persönlichkeit keinen prägenden Einfluss auf die kulturelle Entwicklung seines Staates ausüben, der mit jenem seines intellektuell und musisch hochbegabten Vorgängers vergleichbar wäre, zumal der König lieber spiritistisch-mystischen Neigungen nachhing oder sich mit seinen Mätressen beschäftigte.

Nach dem Tode Friedrich Wilhelms II. und der folgenden Aufhebung der Gesetze gegen die Aufklärer im Jahr 1797 ging Kant im ›Streit der Fakultäten‹ (1798) noch einmal auf die Religionsfrage ein. Man gewinnt indes den Eindruck, dass hier das Alter seine ersten Spuren hinterlässt. Kant hatte im Juli 1796 seine letzte Vorlesung gehalten und nach der geschichtsphilosophischen Schrift ›Zum ewigen Frieden‹ von 1795 die systematische Ausarbeitung seiner Rechts- und Moralphilosophie in seinem letzten Hauptwerk ›Metaphysik der Sitten‹ (1797) zu Ende bringen können. Jetzt aber schwinden die Kräfte, langsam zwar, aber stetig, und zunächst rein körperlich, obwohl er zeit seines Lebens nicht eigentlich krank gewesen war. Mit dem Jahr 1799 werden die Anzeichen des physischen Verfalls deutlicher. E. A. Ch. Wasianski, vormaliger Schüler und späterer Freund Kants seit vielen Jahren, übernimmt sowohl die Krankenpflege als auch die Sorge um Haus und Haushalt. Wasianski ist es auch, der in persönlichen Aufzeichnungen die letzten Lebensjahre des Philosophen ausführlich begleitet und in seiner später veröffentlichten Biografie dokumentiert hat.

Die Leiden häuften sich. Auf dem linken Auge erblindete der Philosoph gänzlich, sich verständlich zu äußern und Sätze zu bilden wurde zunehmend mühevoll, zuletzt fast unmöglich. Vor allem aber ließ das Erinnerungsvermögen rapide nach. R. B. Jachmann, ein anderer Schüler und langjähriger Freund Kants, berichtet von einem Besuch: »Ich flog mit wehmütigem Herzen an seine Brust, ich drückte ihm meinen kindlichen Kuss auf seine Lippen, ich bekannte ihm meine Freude, ihn wiederzusehen und er – er blickte mich mit matten forschenden Augen an und fragte mich mit einer freundlichen Miene: wer ich wäre. Mein Kant kannte mich nicht mehr.«

Am 8. Oktober 1803 erkrankte Kant an einer schweren Magenverstimmung, so dass der inzwischen gebrechliche und aus-

---

Unentstellt von den groben Zügen, welche der Mißstand solcher, die unter dem Namen von Erläuterern und Anhängern Karikaturen von ihm oder schlechte Gipsabdrücke waren, so wie von denen, welche die Wut bitterer Gegner ihm andichtete, wird das Bild seines Geistes in seiner ganz angeschlossenen Einzigkeit durch die ganze Zukunft der philosophischen Welt strahlen.

*Friedrich Wilhelm Joseph Schelling (1775–1854), Nachruf auf Kant, März 1804* gemergelte Körper die Nahrungsaufnahme verweigerte. Obwohl noch einmal eine kleine Besserungsphase eintrat, erholte sich der Patient nicht mehr. Am 12. Februar 1804 um 11 Uhr vormittags starb Immanuel Kant, beinahe achtzigjährig.

Seine letzten Worte waren: »Es ist gut.« In seiner Todesstunde waren außer Wasianski auch seine Schwester, Frau Theuerin, die ihn zum Schluss gepflegt hatte, anwesend. Es war – so Wasianski – »ein Aufhören des Lebens und nicht ein gewaltsamer Akt der Natur«.

54 Die Gedenktafel

Das Begräbnis fand am 28. Februar um drei Uhr nachmittags statt. Die ganze Stadt, Honoratioren und Professoren, Studenten und einfache Bürger, nahm bewegt Anteil. »Unter dem Geläute aller Glokken der ganzen Stadt« wird der Sarg in einem langen Trauerzug, »von Tausenden begleitet« (Wasianski), in die Universitätskirche überführt und in der Professorengruft beigesetzt. Die Inschrift, die Königsbergs Bürger später anbringen lassen, zitiert den Beschluss der ›Kritik der praktischen Vernunft‹: »Zwei Dinge erfüllen das Gemüt mit immer neuer und zunehmender Bewunderung und Ehrfurcht, je öfter und anhaltender sich das Nachdenken damit beschäftigt: Der bestirnte Himmel über mir und das moralische Gesetz in mir.«

**1799** Staatsstreich des 18. und 19. Brumaire (9. und 10. November) in Frankreich: Konsularverfassung (Militärmonarchie). Napoleon Bonaparte tritt als Erster Konsul an die Spitze des Staates.

**1804** Frankreich wird durch Senatsbeschluss und Volksabstimmung ein erbliches Kaiserreich. Napoleon I. krönt sich und seine Gemahlin Josephine in Notre-Dame zu Paris. Das neue Gesetzbuch, der ›Code Napoléon‹, wird ausgearbeitet. – Beethoven komponiert seine 3. Sinfonie (›Eroica‹) und widmet sie Napoleon, zerreißt jedoch das Widmungsblatt bei dessen Kaiserkrönung.

# Ausblick auf die Wirkung Kants

So fragmentarisch und nur in großen Linien in dieser Einführung die zentralen Theoreme im Werk Kants nachgezeichnet werden konnten, so ausschnitthaft und andeutend muss hier auch die Darstellung seiner Wirkung bleiben. Die Entdeckung und Anwendung seiner kritisch-transzendentalen Methode in Erkenntnistheorie und Metaphysik, in Ethik und Religionsphilosophie, ja sogar in der Theorie der Mathematik und der Naturwissenschaft ermöglichte es Kant, die bis dahin von vielen hervorragenden Denkern und Wissenschaftlern erarbeiteten Entwürfe des neuzeitlichen Denkens aufzugreifen und unter einem neuen gemeinsamen Erkenntnisprinzip zusammenzufügen. Seine Grundlegung war und blieb maßgeblich für die Normen wissenschaftlicher Erkenntnis auf den unterschiedlichsten Gebieten, selbst dann, wenn Kritik und Gegnerschaft überwogen. Kants Einfluss blieb nicht stetig gleich, doch kommt man bis heute immer wieder auf ihn zurück. In Deutschland ist er sicher der Orientierungspunkt für alle Philosophie geblieben; in Europa, Amerika, Japan wurde Kant zeitweilig der maßgebende Philosoph schlechthin. Die ungebrochene Bedeutung Kants, ob sie sich nun als Kritik, als Weiterentwicklung oder als Überwindung seines Denkens zeigt, soll im Folgenden skizziert werden.

## Die Zeitgenossen

Der phänomenale Paukenschlag anlässlich des Erscheinens der ›Kritik der reinen Vernunft‹ im Jahre 1781, der der »Revolution

Um von Kant eine gerechte Idee zu erwecken, hätte es, wie mich dünkt, die Billigkeit erfordert, daß man aus seinen Schriften die Hauptsätze gezogen, sie in einer hellen Kürze vorgetragen und mit den Bemühungen voriger und jetziger Philosophen verglichen hätte: denn auch sein anmaßendster Verehrer wird doch nicht behaupten, daß alles in ihm neu sei. Hier müßten nun freilich nicht, wie es mehrmals geschehen ist, alle alten Weisen auf den Kopf gestellt werden, damit der neueste allein auf die Füße zu stehen komme; vielmehr erfordert das Gesetz der Humanität, daß der Denkart« gemäß gewesen wäre, blieb aus. Es scheint, dass eine gewisse sprachliche Umständlichkeit und die mitunter weitschweifige Art der Gedankenführung die Rezeption des Werks verlangsamt und die Einschätzung seiner Bedeutung zunächst erschwert haben. Doch nach etwa einem Jahr begann eine rasche Verbreitung der kritischen Transzendentalphilosophie in ganz Europa. Schon 1785 wurde die ›Jenaer Allgemeine Literaturzeitung‹ gegründet, deren Herausgeber, Christian Gottfried Schütz und Christoph Wilhelm Hufeland, die Zeitschrift bald zum Zentrum des Kantianismus in Deutschland machten. Auch Kant selbst veröffentlichte hier manches, u. a. als ersten Beitrag eine recht kritische Rezension von Herders ›Ideen zur Philosophie der Geschichte der Menschheit‹, was eine tiefe Verstimmung bei seinem ehemaligen enthusiastischen Schüler hervorrief.

Zum gleichen Zeitpunkt erscheint auch bereits umfangreiche Sekundärliteratur, die zunächst der weiteren Verbreitung und Erläuterung der neuen Philosophie dienen will. Dazu gehören die ›Erläuterungen über des Herrn Professor Kant Critik der reinen Vernunft‹ von Johann Schultz (1784) und die ›Critik der reinen Vernunft im Grundrisse zu Vorlesungen nebst Wörterbuch zum leichtern Gebrauch der Kantischen Philosophie‹ von K. Chr. E. Schmid (1786). Von herausragender Bedeutung für die Verbreitung und das Verständnis der kritischen Transzendentalphilosophie waren indes die ›Briefe über die Kantische Philosophie‹, die der Jenaer Philosophieprofessor Karl Leonhard Reinhold 1786–1787 im ›Teutschen Merkur‹ veröffentlichte und die Kant selbst in einem Brief an den Autor ausgesprochen wohlwollend beurteilte. Ein Jahrzehnt später begann G. S. A. Mellin bereits mit der Publikation der sechs Bände »Encyklopädisches Wörterbuch der kritischen Philosophie« (1797–1804).

man jedem seinen Standort, seine Ansicht der Dinge, sein Verdienst lasse, und was den Rang betrifft, nicht entscheide. Offenbar aber wird aus dieser Zusammenstellung werden, daß vieles mit andern Worten längst gesagt, andres stückweise, auch von den neuesten Denkern, Hume, Rousseau, Lambert, vorbereitet worden, bis Kant mit philosophischer Präzision ihm Grenze und Maß bestimmte. Eben deshalb greift Kants Kritik so tief in den Geist der Zeiten ein, weil sie genug vorbereitet erschien, und tausend schon vorhandene, dunkle Vorideen zum Licht bringen konnte.

*Johann Gottfried Herder, ›Briefe zur Beförderung der Humanität‹, 1793*

Aber auch gewichtige Kritiker wie Moses Mendelssohn, Johann Georg Hamann oder Johann Gottfried Herder traten auf den Plan, deren freundschaftliche Verbundenheit mit Kant nach dem Erscheinen der ersten Kritik zumindest zeitweilig deutlich abkühlte. Mendelssohn sprach vom »alles zermalmenden Kant«, gegen den er in seinen ›Morgenstunden oder Vorlesungen über das Daseyn Gottes‹ von 1785 den ontologischen Gottesbeweis zu retten versuchte. Hamann wiederum kritisierte in seiner ›Metakritik über den Purismus der reinen Vernunft‹ von 1784 insbesondere die Trennung der Erkenntnisstämme Sinnlichkeit und Verstand und setzte seine These von der »genealogischen Priorität der Sprache« dagegen. Daran knüpfte später Herder an. In seiner 1799 erschienenen »Metakritik zur Kritik der reinen Vernunft« mit dem Titel ›Verstand und Erfahrung, Vernunft und Sprache‹ suchte er die Einheit von Sinnlichkeit, Verstand und Vernunft in der Sprache systematisch darzustellen – ein Ansatz, der die Sprachphilosophie bis ins 20. Jahrhundert maßgeblich beeinflusst hat. Aber auch zu polemischer Satire gab Kants Werk hinreichend Anlass; dabei tat sich insbesondere der Buchhändler und Autor Friedrich Nicolai in Berlin hervor.

Im Ganzen jedoch war der Siegeszug der neuen Philosophie nicht aufzuhalten. Namentlich Dichter und Schriftsteller griffen die Kantischen Ideen begeistert auf. Hölderlin bezeichnete Kant verehrungsvoll als »Moses unserer Nation«, Heinrich von Kleist brachte in seinem Drama ›Prinz Friedrich von Homburg‹ die Essenz der Kantischen Moral- und Rechtsphilosophie bewegt-bewegend auf die Bühne. Und Friedrich Schiller war tief beeindruckt von Kants Philosophie der Freiheit und wurde in hohem Maße von der ›Kritik der ästhetischen Urteilskraft‹ beeinflusst, wie sich in seinen Briefen ›Über die ästhetische Erziehung des Menschen‹ von 1795 zeigt. Kants scharfer Tren-

---

Kant ist ein Mann von eben so großen Talenten als guten und edlen Gesinnungen, der sich von Vorurteilen sehr begeistern läßt, aber sich nicht schämt, selbige zu widerrufen, abzulegen oder zu verleugnen. Man muß ihm nur Zeit lassen, selbst in sich zu gehen. Er plaudert lieber, als er hört. In Puncto seines Systems und dadurch erworbenen Ruhms ist er gegenwärtig ein wenig kitzlicher und eingenommener …; das ist nicht ganz seine, sondern vornehmlich des lieben Publici Schuld. Man kann es ihm also nicht ganz verargen. *Johann Georg Hamann an Friedrich Heinrich Jacobi, 9. April 1786* nung zwischen Neigung und Pflicht vermochte Schiller allerdings nicht zuzustimmen. In der »Anmut« der »schönen Seele« trachtete er, Pflicht und Neigung zu vereinen. In einem freundschaftlich gehaltenen Brief an Schiller ebenso wie in einer ausführlichen Fußnote in der 2. Auflage der ›Religion innerhalb der Grenzen der bloßen Vernunft‹ weist Kant diesen Versuch allerdings als unangemessen zurück.

## Der Deutsche Idealismus und seine Gegner

Johann Gottlieb Fichte, Friedrich Wilhelm Joseph von Schelling und Georg Wilhelm Friedrich Hegel bilden das Dreigestirn des so genannten Deutschen Idealismus, das allerdings kein einheitlicher spekulativer Entwurf, wohl aber die Auseinandersetzung mit Kant und die Weiterentwicklung der Transzendentalphilosophie eint. Über Kant hinauszugehen, ihn zu vollenden oder auch zu überwinden ist das Ziel. Aus den Ideen als dem Bewusstsein vorausliegenden Strukturbedingungen der Möglichkeit endlicher Erkenntnis bei Kant erwächst im Deutschen Idealismus die Idee des unendlichen, absoluten, sich selbst begreifenden Subjekts, aus dem sich das empirische Subjekt und Objekt, Natur und Geist sowie Natur und Geschichte dialektisch entfalten.

Fichte kritisiert an Kants Kritiken, dass sie in der theoretischen Dimension das transzendentale Selbstbewusstsein und in der praktischen Dimension die Moralität nicht eigentlich begründen. Vor allem aber ist ihm die der theoretischen Vernunft eignende Aporie und der daher rührende Kantsche Primat der praktischen Vernunft suspekt. In immer neuen Fassungen entwirft er deshalb eine Wissenschaftslehre, in deren Rahmen er ein theoretischer und praktischer Erkenntnis

55 Fichte besucht Kant

56 Johann Gottlieb Fichte (1762–1814)

gemeinsames Prinzip auszuweisen sucht. Dieses Prinzip ist für Fichte die freie Tathandlung des transzendentalen Ichs. Das transzendentale Selbstbewusstsein als apriorisches Strukturelement des Erkennens fasst Fichte als transzendentales Ich, das Autonomie nicht nur – wie bei Kant – in der praktischen, sondern in aller Vernunft ausübt. (Deshalb würde sich der im ersten Kapitel skizzierte Konstruktivismus mit größerem Recht Fichte zum Ahnherrn ausersehen als Kant.)

Schelling hingegen sucht ein einigendes Prinzip zu etablieren, aus dem Natur und Geist entspringen, schließlich begreift Schelling die beiden Momente nicht als unter- und übergeordnet, vielmehr entwickeln sie sich seiner Auffassung nach gleichrangig aus- und ineinander. Diese Entwicklung vollzieht sich auf dialektische Weise, wobei Schelling Dialektik gänzlich anders fasst als Kant und – wie alle drei »Idealisten« – vor allem auch anders bewertet. War Dialektik bei Kant eine »Logik des Scheins«, so gilt sie im Deutschen Idealismus als spekulative Methode der Vernunft zur Erhellung des Absoluten.

Insbesondere Hegel entwickelt die Dialektik in ihrer »konstruktiven« Bedeutung. Die sich dialektisch vollziehende Selbstentfaltung des absoluten Geistes unter den Bedingungen der Geschichtlichkeit avanciert so zum Leitthema der Hegelschen Philosophie. Dies zieht zum einen entgegen Kants Grenzzie-

57 Arthur Schopenhauer (1788–1860)

hung die programmatische Neubegründung einer »natürlichen Theologie« nach sich und läuft auf den Versuch hinaus, den absoluten Geist mit Gott gleichzusetzen. Zum anderen bedeutet die dialektische Verbindung des absoluten Geistes mit der Dimension der Geschichtlichkeit, Kants Theorie der Moralität als abgespalten von den konkrethistorischen Verhältnissen zurückzuweisen. Hegel versucht, die im weitesten Sinne politisch verfasste Lebenspraxis seiner Theorie des Geistes einzugliedern, und läuft dabei Gefahr, die historische Gestalt seiner unmittelbaren politischen Gegenwart, den preußischen Staat, zu verabsolutieren.

58 Georg Wilhelm Friedrich Hegel (1770–1831)

Hegel hat sich selbst als Vollender nicht nur des Idealismus, sondern aller Philosophie überhaupt gesehen. Kant galt ihm lediglich als Vorläufer, der in der Überwindung seine Würdigung erfährt. Gegner des Deutschen Idealismus wie David Friedrich Strauss (1808–1874), Ludwig Feuerbach (1804–1872) und insbesondere Karl Marx (1818–1883) und Friedrich Engels (1820– 1895) bezogen sich kaum noch in direkter Weise auf Kant, übernahmen in diesem Zusammenhang vielmehr Hegels Kritik. Aber auch die materialistische Erkenntnistheorie bleibt der Kantischen Revolution der Denkart verpflichtet, insofern sie ihr Erkenntnisinteresse systematisch in den Dienst der Anthropo-

Kant sieht die Idee als etwas Notwendiges, als das Ziel an, das als *Urbild* für ein Maximum aufzustellen und dem den Zustand der Wirklichkeit immer näherzubringen das Bestreben sein müsse. Indem sich aber das Resultat ergeben hat, daß die Idee die Einheit des Begriffs und der Objektivität, das Wahre ist, so ist sie nicht nur als ein *Ziel* zu betrachten, dem sich anzunähern sei, das aber selbst immer eine Art von *Jenseits* bleibe, sondern das alles Wirkliche nur insofern *ist*, als es die Idee in sich hat und sie ausdrückt. *Georg Wilhelm Friedrich Hegel* logie stellt. Die Objektivität, auf die jede materialistische Spekulation zielt, ist von Anfang an nicht mehr naiv naturhaft, sondern anthropozentrisch konzipiert und nimmt erst im weiteren Verlauf ihrer Entwicklung den naturwissenschaftlichen Ansatz auf. Eben darin ist die entscheidende Nachwirkung des von Kant begründeten Primats des Subjekts (Subjektivismus) zu erkennen.

Ein anderer bedeutender Gegner des Deutschen Idealismus, Arthur Schopenhauer, entwickelt dagegen seine eigenständige Philosophie sehr wohl in direkter Auseinandersetzung mit Kant: »Seit 27 Jahren hat Kants Lehre nie aufgehört ein Hauptgegenstand meines Studiums und Nachdenkens zu seyn.« Schopenhauers Hauptwerk ›Die Welt als Wille und Vorstellung‹ von 1818 lässt schon im Titel die Herkunft von Kant anklingen. Und in der Tat trägt er nicht nur die Unterscheidung von theoretischer und praktischer Vernunft mit, sondern unterstützt und begründet den schon von Kant herausgestellten Vorrang der praktischen Vernunft.

## Kant in Europa und in den USA

Die rasche Verbreitung und intensive Verarbeitung der Philosophie Kants auch außerhalb des deutschsprachigen Raums kann hier nur angedeutet werden. In Frankreich, der zentralen geistigen Macht der Aufklärung, nimmt die Rezeption der Kantischen Philosophie Mitte der neunziger Jahre ihren Anfang, und zu Beginn des neuen Jahrhunderts erscheinen Schlag auf Schlag gewichtige Darstellungen: 1801 die beiden Bände ›Philosophie de Kant‹ von Charles de Villers, 1802 ›De la métaphysique de Kant‹ von Antoine Destutt de Tracy, 1803 ›Philosophie critique découverte par Kant‹. Von herausragender Be-

*Da ich selbst Kantianer bin*, will ich hier mein Verhältnis zu ihm mit einem Worte bezeichnen. Kant lehrt, daß wir über die Erfahrung und ihre Möglichkeit hinaus nichts wissen können: ich gebe dies zu, behaupte jedoch, daß die Erfahrung selbst, in ihrer Gesamtheit, einer Auslegung fähig ist, und habe diese zu geben versucht, indem ich sie wie eine Schrift entziffere ... *Die Lehre Kants vom Zusammenbestehen der Freiheit mit der Notwendigkeit* halte ich für die größte aller Leistungen des menschlichen Tiefsinns.

*Arthur Schopenhauer*

deutung und bleibender Wirkung für das breitere französische Verständnis der deutschen Kultur und des Kantischen Denkens im Besonderen ist der 1810 erschienene Band ›De l'Allemagne‹ der Madame de Staël.

Victor Cousin (1792–1867) hält im Jahre 1820 aufsehenerregende Vorlesungen über Kant, die noch 1842 in Druck gehen. Gegen den zu dieser Zeit in Frankreich schon dominierenden Positivismus des Auguste Comte gehen Charles Renouvier (1815–1903) und Jules Lachelier (1832–1918) vor, indem sie einen Rückbezug auf Kant propagieren. Renouvier vor allem bleibt mit seiner dialektisch angelegten Kategorienlehre und seinem ebenfalls in der Nachfolge Kants entfalteten ethischen Personalismus bis weit ins 20. Jahrhundert einflussreich.

Der in Großbritannien vorherrschende Empirismus verzögert und hemmt zunächst eine intensive Rezeption der kritischen Transzendentalphilosophie auf der Insel. Erst dem vielseitig gebildeten und rührig tätigen Dichter und Philosophen Samuel Taylor Coleridge (1772–1834) gelingt die Installierung einer nachhaltigen und bedeutsamen Diskussion der Theoreme Kants und des Deutschen Idealismus im englischsprachigen Raum. Francis Herbert Bradley (1846–1924) regt dann mit seinem Hauptwerk ›Appearance and Reality‹ von 1893 noch einmal eine weit reichende britische Auseinandersetzung mit Kant, und noch eindringlicher, mit Hegel an. Selbst sein neorealistischer Kritiker George Edward Moore (1873–1958) verwirft zwar den Idealismus, nicht aber die Kernelemente der Kantischen Erkenntnistheorie.

Für die US-amerikanische Kant-Rezeption ist die Transzendentalismus-Bewegung und insbesondere der Einfluss ihres geistigen Zentrums Ralph Waldo Emerson (1803–1882) von nicht zu unterschätzender Bedeutung. Emerson, ein unsystematisch arbeitender, aber origineller Dichter und Essayist,

Versuche einen Mann der Wissenschaft zu finden, der den Anspruch erhebt, ohne irgend eine Metaphysik auszukommen ..., und du hast jemanden gefunden, dessen Lehrmeinungen von Grund auf durch die rohe und undurchdachte Metaphysik verdorben sind, mit der sie verhaftet sind ... »Wahrheit« ist die Meinung, der es bestimmt ist, daß sich ihr schließlich alle Forschenden anschließen.

*Charles Sanders Peirce*

war auf einer Europareise durch Coleridge in die deutsche Transzendentalphilosophie eingeführt worden. Im Rahmen seiner popularisierenden Darstellung entwirft er eine mystische Verbundenheit der Vernunft mit der Weltseele, die sich einerseits in der Schönheit der Natur, andererseits in der Unbedingtheit des sittlichen Handelns offenbare.

Philosophisch bedeutsamer ist indes die Auseinandersetzung des Pragmatismus mit Kant. Dessen Begründer, Ch. S. Peirce (1839–1914), studierte nach eigener Auskunft drei Jahre lang täglich zwei Stunden die ›Kritik der reinen Vernunft‹. Letztendlich lehnt er zwar Kants »Analytik«, nicht aber seine »Dialektik« ab. Kants Kritik der Metaphysik bleibt für ihn maßgeblich.

Selbstverständlich ist die Kant-Rezeption auch im übrigen Ausland höchst beachtlich. Schon wegen der Lage Königsbergs im osteuropäischen Raum bildete die Zuhörerschaft in Kants Hörsaal ein vielsprachiges, nicht zuletzt von Balten, Polen oder Russen mitgeprägtes Auditorium. In Schweden, Dänemark und Italien finden sich bald hervorragende Vermittler, die Kants Werke nicht nur übersetzen, sondern auch kommentieren und interpretieren. Schon 1798 gibt es in den Niederlanden ein vierbändiges Kompendium der Kantischen Philosophie und ein ›Magazin für kritische Philosophie‹. In vielen Ländern werden bald Clubs und Gesellschaften gegründet, die sich mit der neuen Philosophie im Zuge von Vorträgen, Diskussionen und Publikationen auseinandersetzen.

## Der Neukantianismus

Der Aufruf des Neukantianismus »Zurück zu Kant!« (Otto Liebmann in ›Kant und die Epigonen‹, 1865) leitet das letzte Drittel des 19. Jahrhunderts ein und prägt für die nächsten fünf-

Erst dadurch, daß die Wissenschaft darauf verzichtet, ein direktes sinnliches *Abbild* der Wirklichkeit zu geben, vermag sie eben diese Wirklichkeit selbst als eine *notwendige Verknüpfung* von Gründen und Folgen darzustellen. Denn die Momente, auf denen die gesetzliche Ordnung der Wahrnehmungen beruht, liegen niemals als Einzelbestandteile in den Wahrnehmungen selbst ... Was das »Ding« des populären Weltbildes an Eigenschaften verliert, das wächst ihm an Beziehungen zu: denn jetzt steht es nicht mehr isoliert und ruht auf sich allein, sondern ist mit der zig Jahre die deutsche Philosophie. Nach dem raschen Niedergang der idealistischen Spekulation nach Hegels Tod stellten Marx und Engels Hegel bekanntlich »vom Kopf auf die Beine«, aber auch der materialistische Ansatz stellte sich bald als »übermütig-allwissende« Spekulation heraus. Da wirkte die Strenge des Kantischen Denkens und sein Bestehen auf den Grenzen der Erkenntnis geradezu anziehend auf die junge Nachwuchsphilosophie. Obwohl doch Kant gerade aufgrund seines »Verliebtseins in die Metaphysik« deren Grenzen festzustellen unternahm, verwarfen die Neukantianer, nach dem langen »Genuss« der grenzenlosen idealistischen wie materialistischen Metaphysik hinreichend ernüchtert, jeden einschlägigen Gedanken daran und widmeten sich fast ausschließlich der Erkenntnistheorie als Grundlagenwissenschaft für Wissenschaft. Hans Vaihinger (1852–1933) brachte beispielsweise einen zweibändigen ›Commentar zu Kants Kritik der reinen Vernunft‹ heraus, der sich ausschließlich mit der transzendentalen Ästhetik befasst. Vaihinger war es übrigens auch, der 1904, am 100. Todestag Kants, die Kant-Gesellschaft ins Leben rief.

Den entscheidenden Anstoß gab Kuno Fischer (1824–1907) in Heidelberg mit seiner außerordentlichen Monografie ›Kants Leben und die Grundlagen seiner Lehre‹ von 1860. Danebenzustellen ist die 1866 erschienene ›Geschichte des Materialismus‹ von Friedrich Albert Lange (1828–1875) in Marburg. Die Marburger Schule des Neukantianismus, deren wichtigste Vertreter Hermann Cohen (1842–1918), Paul Natorp (1854–1924), Karl Vorländer (1860–1928), Ernst Cassirer (1874–1945) und der junge Nicolai Hartmann (1882–1950) waren, verschrieb sich der Philosophie der Naturwissenschaft.

Cohens Denken umkreist zwar alle drei Kritiken Kants, aber ganz besonders interessieren ihn die Erkundung der

Gesamtheit der Erfahrung durch logische Fäden unlösbar verknüpft. Jeder Einzelbegriff ist gleichsam einer dieser Fäden, an dem wir die wirklichen Erfahrungen aufreihen und mit künftigen möglichen verknüpfen … So ist es nur *eine* Wirklichkeit, die uns gegeben ist, die uns aber in verschiedener Weise zum Bewußtsein kommt, indem wir sie das eine Mal in ihrer sinnlichen Anschaulichkeit, zugleich aber in ihrer sinnlichen Vereinzelung betrachten, während wir auf dem Standpunkt der Wissenschaft nur diejenigen Momente an ihr festhalten, auf denen ihre intellektuelle Verknüpfung und »Harmonie« beruht. *Ernst Cassirer* apriorischen Grundlagen von Wissenschaft und die Klärung der Möglichkeit objektiver Erfahrung. Natorp erarbeitet eine kritisch-systematische Wissenschaftstheorie der Naturwissenschaften. Vorländer bemüht sich um eine Verknüpfung von Neukantianismus und Sozialismus und beteiligt sich intensiv an der Debatte in der deutschen Sozialdemokratie, als es nach deren Gothaer Programm von 1875 mit dem Stichwort »Kant oder Marx« um eine Klärung der politisch-philosophischen Grundlagen geht. Cassirer wiederum untersucht die Relativitäts- und die Quantentheorie erkenntnis- und wissenschaftstheoretisch; er setzt sich aber auch mit den symbolisch-mythischen Formen in der Alltagssprache auseinander.

Die badische oder Heidelberger Schule des Neukantianismus, zu der vor allem Wilhelm Windelband (1848–1915) und Heinrich Rickert (1863–1936) zu zählen sind, arbeitet an den philosophischen Grundlagen der Kultur- bzw. Geisteswissenschaft. Rickert insbesondere bemüht sich um die Methodologie von Natur- und Kulturwissenschaften und legt in diesem Zusammenhang auch eine Philosophie der Werte vor, die bahnbrechend und anregend für viele weitere systematische Versuche der Wertetheorie wird.

Beeinflusst von dieser Richtung des Neukantianismus wird auch Wilhelm Dilthey (1833–1911), dessen ›Kritik der historischen Vernunft‹ das geisteswissenschaftliche Gegenstück bilden soll zu Kants ›Kritik der reinen Vernunft‹, die eher dem naturwissenschaftlichen Erkenntnisideal verpflichtet ist. Bei dem Soziologen Max Weber (1864–1920) hingegen führt die bei Kant in der Unterscheidung zwischen theoretischer und praktischer Vernunft schon angelegte und im Neukantianismus systematisch vertiefte Kluft zwischen Erkennen und Werten in der Methodenlehre der Sozialwissenschaften zu einer definitiven Trennung zwischen Aussagen über objektiv

---

Das historische Bewußtsein von der Endlichkeit jeder geschichtlichen Erscheinung, jedes menschlichen oder gesellschaftlichen Zustandes, von der Relativität jeder Art von Glauben ist der letzte Schritt zur Befreiung des Menschen. Mit ihm erreicht der Mensch die Souveränität, jedem Erlebnis seinen Gehalt abzugewinnen, sich ihm ganz hinzugeben, unbefangen, als wäre kein System von Philosophie oder Glauben, das Menschen binden könnte. Das Leben wird frei vom Erkennen durch Begriffe; der Geist wird souverän allen Spinnweben dogmatischen Denkens gegenüber. *Wilhelm Dilthey* feststellbare Tatsachen und »bloß« subjektiven Werturteilen. Damit hat er das Erkenntnisideal der Kulturwissenschaften zugunsten des naturwissenschaftlichen aufgegeben; Moral und Recht, die beiden Gebiete des Wertens, werden nicht länger als rational zu fassende angesehen.

## Phänomenologie, Existentialismus und Kritischer Rationalismus

Die Phänomenologie kann mit Recht als Gegenbewegung zu irrationalistischen Ansätzen innerhalb der Subjektphilosophie gelten. Dabei geht es in erster Linie um die Klärung der Frage, inwieweit von einer Objektivität des Objekts die Rede sein kann. »Zurück zu den Sachen selbst!« ist das Motto, das Edmund Husserl, der Begründer der Phänomenologie, ausgab. Mit der phänomenologischen, eidetischen und transzendentalen Reduktion entwickelte er eine Methode, mit der er das Wesen der Phänomene glaubte ergründen zu können. Es ging auch hier wieder um eine Überbrückung der Subjekt-Objekt-Spaltung. Husserl sah sich als Vollender und seine Philosophie als dritte Stufe nach Descartes und Kant, wie er in seinem Vortrag ›Kant und die Idee der Transzendentalphilosophie‹ von 1924 ausführte.

59 Edmund Husserl (1859–1938)

Nennen wir das natürlich in *die Welt* hineinerfahrende und sonstwie hineinlebende Ich an der Welt *interessiert*, so besteht die phänomenologisch geänderte und beständig so festgehaltene Einstellung darin, daß sich eine Ichspaltung vollzieht, indem sich über dem interessierten Ich das phänomenologische als *uninteressierter Zuschauer* etabliert. Daß dies statthat, ist dann selbst durch eine neue Reflexion zugänglich, die als transzendentale abermals den Vollzug eben dieser Haltung des *uninteressierten* Zuschauers fordert ....
*Edmund Husserl*

Allerdings nimmt bei Husserl »die Erkenntnis« nicht erst wie bei Kant beim (eher naturwissenschaftlich angesetzten) Zugriff der Rationalität ihren Anfang. Vielmehr sucht er die »Sachen selbst« schon in ihrem alltäglichen, vorwissenschaftlichen Zusammenhang auf. Im Rückgriff auf ihre Erfahrung in der gemeinsamen Lebenswelt können sich die Subjekte über die Bedeutung des in der Wesensschau Gefassten verständigen. Begriffe wie Lebenswelt oder Intersubjektivität bilden sorgfältig analysierte und fundierte Eckpfeiler der Husserlschen Phänomenologie, sie haben von hier aus Eingang in zahlreiche philosophische, soziologische und psychologische Entwürfe gefunden.

Steht bei Husserl die Theorie der Erkenntnis und damit auch Kants Kritik der reinen Vernunft im Vordergrund des Interesses, so wendet sich der zweite große Phänomenologe, Max Scheler (1874–1928), in direkter Auseinandersetzung mit Kant insbesondere dessen Ethik zu. Indem Scheler die intuitive und deskriptive Methode der Phänomenologie auf die Ethik anwendet, sucht er eine »materiale Wertethik« zu begründen, d. h. auf der Grundlage des »Wertfühlens« gültige inhaltlich bestimmte Werte zu erfassen. Kant wirft er eine formalistische Gesetzesethik vor, deren Pflichtbegriff dem Wesen der Sittlichkeit nicht gerecht werde.

Nach Scheler hat der Mensch unmittelbaren Zugang zum »Reich der Werte«, er fühlt sie so unmittelbar, wie Begriffe gedacht und Sinnesgegenstände wahrgenommen werden. Deshalb bedürfe der Mensch keiner Aufforderung zur Sittlichkeit, erst recht keines kategorischen Imperativs. Denn nur wenn eine Handlung sittlich gut sei, dürfe sie allgemeines Gesetz werden; sie werde nicht sittlich gut, indem sie zum allgemeinen Gesetz erhoben wird. In der Tat sah Kant keine Möglichkeit, allgemeingültige Werte inhaltlich zu bestimmen, es sei denn in der

---

So aber sind auch *Wertaxiome* ganz unabhängig von den logischen Axiomen und stellen mitnichten bloße »Anwendungen« jener auf Werte dar. Der reinen Logik steht eine reine *Wertelehre* zur *Seite*. Während Kant in diesen Fragen noch schwankt, ist er um so entschiedener darin, daß er im letzten Grunde alles Fühlen, ja sogar das Lieben und Hassen – da er sie nicht der »Vernunft« zuweisen kann – zur »sinnlichen Sphäre« rechnet und damit aus der Ethik ausschließt.

*Max Scheler*

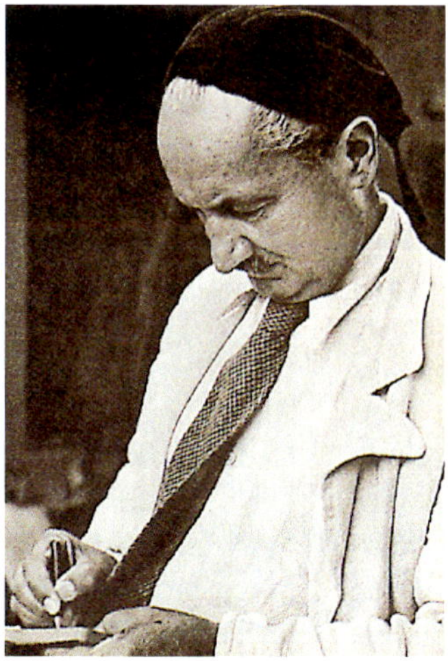

60 Martin Heidegger (1889–1976)

nachträglichen Prüfung der Universalisierbarkeit durch den kategorischen Imperativ. Scheler hofft nun, durch den Rückgang in das vorwissenschaftlich-lebensweltliche Erfühlen der Werte Zugang zu einem Reich gültiger Werte zu gewinnen, das dem Reich der Ideen zur Seite bzw. gegenüberzustellen ist.

Von der Phänomenologie her kommt auch ein anderer Schüler Husserls, der neben Karl Jaspers (1883–1969) die deutsche Existenzphilosophie begründete: Martin Heidegger. Beide sind auf eine Neubegründung der Metaphysik aus, indem sie sich auf Kant beziehen. Jaspers, der von Grenzerfahrungen im gelebten Leben den Überschritt zur Transzendenz des »Umgreifenden« ableitet, folgt damit in ganz eigenständiger Weise dem Grundmodell der Kantischen Kritik der praktischen Vernunft.

Heidegger hingegen beschäftigt sich in seiner Max Scheler gewidmeten Arbeit über ›Kant und das Problem der Metaphysik‹ von 1929 mit der Kritik der reinen Vernunft, und hier insbesondere mit der transzendentalen Einbildungskraft, die als Wurzel und ursprüngliche Einheit der beiden Erkenntnisstämme Sinnlichkeit und Verstand begriffen werden müsse. Im Zuge seines existenzialontologischen Ansatzes in ›Sein und Zeit‹ von 1927 widmet er der Analyse der sinnenhaften, und damit endlichen Verfasstheit des Daseins, besondere Aufmerksamkeit, weil darin

Kant sagt, der »transzendentale Schein«, dem die überlieferte Metaphysik ihre Möglichkeit verdanke, sei ein notwendiger. Muß diese transzendentale Unwahrheit nicht hinsichtlich ihrer ursprünglichen Einheit mit der transzendentalen Wahrheit aus dem innersten Wesen der Endlichkeit im Dasein positiv begründet werden? Gehört zu diesem Wesen der Endlichkeit das Unwesen jenes Scheins? Bedarf dann aber das Problem des »transzendentalen Scheins« nicht einer Befreiung aus derjenigen Architektonik, in die es Kant … zwängt …? *Martin Heidegger* die Zeitlichkeit als transzendentale Urstruktur des Seins erfahrbar werde. Genau darin liegt für Heidegger die eigentliche Aufgabe von Metaphysik, die im Übrigen allenfalls »sekundär« gedacht bzw. gelehrt werden könne, zunächst und zuerst jedoch »geschehe«.

Der Kritische Rationalismus von Karl Raimund Popper schließlich teilt mit dem Kritizismus Kants die Skepsis gegenüber der Wahrheit a posteriori gewonnener Erkenntnisse. Der Gebrauch der induktiven Methode kann seiner Ansicht nach nur zu »vorläufig« wahren Erkenntnissen führen. Ausgehend von der Endlichkeit der Erkenntnis sucht Popper nach Abgrenzungsmöglichkeiten gegenüber »absoluten« Wahrheitsansprüchen, weshalb er verlangt, dass Erkenntnisse – methodisch verstanden – nicht nur verifizierbar, sondern auch falsifizierbar sein müssen. Der Gedanke, sich der Wahrheit durch »Versuch und Irrtum« annähern zu können, bestimmt das Poppersche Philosophieren. Mit dem Kantischen Verständnis von Kritik hat es wohl nur den Habitus der nachträglichen Prüfung einer wie auch immer zuvor zustande gekommenen Theorie gemeinsam.

## Kant in der Philosophie der Gegenwart

Eine nachhaltige Auseinandersetzung mit Kant findet sich überraschenderweise in der zeitgenössischen analytischen Philosophie wie z. B. der Oxford Ordinary Language School; in der vorgefundenen Alltagssprache soll die darin enthaltene Kategorienstruktur analysiert werden. Seinem bahnbrechenden Werk ›Bounds of Sense‹ (Die Grenzen des Sinns) von 1966 gibt P. F. Strawson den Untertitel ›Versuch über die Kritik der reinen Vernunft‹. Auch Strawson geht von einem apriorischen Schema des Verstandes aus, mit dem die Dinge in ihrer Raum-Zeit-

61 Karl Raimund Popper (1902–1994)

Struktur aufgefasst werden. Dennoch will er eine Transzendentalphilosophie ohne den Kantischen Idealismus durchführen und sucht deshalb analytische Verfahren zu entwickeln, mittels derer eingedenk der Sinnlichkeit der Sprache die Struktur von Erkennen in der Erfahrung aufgedeckt werden könne. Viele andere analytisch orientierte Philosophen wie J. Bennett, S. Körner, W. V. O. Quine u. a. setzen sich ebenfalls seit Jahren vorrangig mit der ersten Kantischen Kritik auseinander.

Noch vielfältiger ist der zeitgenössische Rückbezug auf Kants Kritik der praktischen Vernunft, seine Ethik und seine Rechtsphilosophie. Der immer noch einflussreichste Strang innerhalb der amerikanischen Sozialphilosophie der letzten Jahrzehnte wurde 1971 von John Rawls mit ›A Theory of Justice‹ (Eine Theorie der Gerechtigkeit) begründet. Darin greift Rawls nicht nur auf die Figur des Gesellschaftsvertrags zurück, sondern auch auf Kants Unterscheidung von Verstand und Vernunft. Die im Gesellschaftsvertrag vereinbarte Kooperation – auf der Grundlage des Prinzips der Gegenseitigkeit – muss durch die Vernunft »überwacht« werden, indessen der Gebrauch des Verstandes den individuellen egoistischen Interessen geschuldet ist. Der Verstand (und nicht die Vernunft) dient im Zusammenhang der Interessenwahrnehmung der Bildung von Theorien über das Wahre und das Gute, Auffassungen mithin, durch die tendenziell partikulare Positionen rationalisiert werden. Die Vernunft wiederum fungiert bei Rawls jedoch nicht als Instanz, um die Möglichkeit einer Verallgemeinerung solcher Theorien zu prüfen, sondern hinsichtlich der verschiedenen »Partikularideologien« einen übergreifenden Konsens zu entwickeln.

Eine Neufassung und Neubegründung des Kantischen Verallgemeinerungsprinzips erarbeiten dagegen R. M. Hare und M. G. Singer unter Bezugnahme auf den kategorischen Imperativ als letztes Kriterium für Moral. Auch die von J. Piaget

---

Kant war der Meinung, daß eine Person autonom handelt, wenn sie die Prinzipien ihres Handelns gewählt hat als den bestmöglichen adäquaten Ausdruck ihrer Natur als eines freien und gleichen Vernunftwesens. Die Prinzipien, nach denen sie handelt, werden nicht wegen ihrer sozialen Stellung oder ihrer natürlichen Ausstattung angenommen, noch wegen eines bestimmten Milieus, in dem sie lebt, noch wegen eines besonderen Gegenstandes, den sie begehrt. Nach solchen Prinzipien zu handeln heißt heteronom handeln. *John Rawls*

62 Immanuel Kant, Altersportrait. Miniatur von C. Vernet, 1795

grundgelegte, von L. K. Kohlberg weiterentwickelte und später von J. Habermas ergänzte Theorie des moralischen Urteils ist in manchen Teilen deutlich von der Kantischen Moralphilosophie beeinflusst; man denke nur an die Definition der höchsten Stufe der Entwicklung des moralischen Bewusstseins durch Autonomie und Verallgemeinerung. Und in Habermas' eigener Diskursethik brauchen wir nur das Prinzip »D« anzuschauen, um zu erkennen, wie weit auch hier noch Grundgedanken Kantischer Philosophie Wirkung zeigen: »Gültig sind genau die Handlungsnormen, denen alle möglicherweise Betroffenen als Teilnehmer an rationalen Diskursen zustimmen könnten.«

Als letztes Beispiel für die Wirkung Kants im Philosophieren der Gegenwart sei die Transzendentalpragmatik von K.-O. Apel angeführt, in der die deutsche Tradition der Transzendentalphilosophie mit der empirisch-analytisch-pragmatischen Denktradition im angelsächsischen Raum zusammengeführt werden soll. Apel greift zum einen den sinnkritischen Pragmatismus von Peirce und zum anderen die Sprachspieltheorie des späten Wittgenstein auf, um Kants Antwort auf die Frage nach der Letztbegründung für die Gültigkeit von

Sie [die Verantwortungsethik] kann, im Gegensatz zu der noch heute bei allen Völkern vorherrschenden Nachbarschafts- bzw. Freund-Feind-Moral, kaum noch unmittelbar an die instinktresidualen Emotionen anknüpfen, die das Leben in der Intimgruppe bestimmen. Schon deshalb ist die geforderte Ethik auf ein *rationales Fundament* angewiesen, allerdings auch auf die Mobilisierung einer *spezifisch moralischen Phantasie*, die u. a. imstande sein müßte, die Nächstenliebe im Sinne der Fernstenliebe zu verallgemeinern.

*Karl-Otto Apel*

Aussagen und Wertungen »ablösen« zu können. Das transzendentale Selbstbewusstsein, bei Kant den letzten Einheitspunkt aller Erkenntnis- und Willensakte bildend, fasst Apel als subjektiv in einem solipsistischen Sinne auf. Er sieht darum keine Möglichkeit, wie man mit Kant der Subjektivität entkommen könnte. An die Stelle der transzendentalen Apperzeption setzt Apel deshalb das transzendentale Sprachspiel einer idealen Kommunikationsgemeinschaft. Auf diese Weise ist die Intersubjektivität der Kommunikationsgemeinschaft mit vorausgesetzt als oberstes Prinzip der Ethik.

So bruchstückhaft diese Skizze der Wirkung der Philosophie Kants hier nur ausfallen kann: Es zeigt sich doch deutlich, wie bedeutend Kant als Grundpfeiler, als Antipode, als Anreger, auch als Herausforderer für das Philosophieren nach ihm bzw. für das Denken überhaupt wirkt. Das Fundament des neuen Denkens, das er mit seiner kritischen Transzendentalphilosophie gelegt hat, kann und muss seinerseits kritisiert, weiterentwickelt, umgestaltet und immer wieder neu zur Auseinandersetzung angenommen werden. Wie auch immer im Einzelnen mit seiner Philosophie umgegangen wird – die Beschäftigung mit Kant dient stets neuen Generationen von denkenden Menschen vorzüglich bei der Beantwortung jener Frage, die er selbst im Oktober 1786 als Titel eines kleinen Aufsatzes formulierte: ›Was heißt: sich im Denken orientieren?‹

Daß der Geist des Menschen metaphysische Untersuchungen einmal gänzlich aufgeben werde, ist eben so wenig zu erwarten, als daß wir, um nicht immer unreine Luft zu schöpfen, das Atemholen einmal lieber ganz und gar einstellen würden.

*Immanuel Kant*

# Zeittafel

1724 22. April: Immanuel Kant wird in Königsberg (seit 1945: Kaliningrad) geboren

1730–1732 Besuch der Vorstädter Hospitalschule

1732–1740 Besuch des pietistischen Collegium Fridericianum

1737 Tod der Mutter

1740–1746 Studium der Philosophie, Mathematik, Naturwissenschaften und Theologie an der Universität Königsberg

1746 Tod des Vaters – Erste Abhandlung ›Gedanken von der wahren Schätzung der lebendigen Kräfte‹ der philosophischen Fakultät vorgelegt; erschienen 1749

1747–1754 Hauslehrer bei drei Familien in der Umgebung Königsbergs

1755 ›Allgemeine Naturgeschichte und Theorie des Himmels‹ – Juni: Promotion mit der Dissertation ›De igne‹ in Königsberg – September: Habilitation mit der Schrift ›Nova dilucidatio‹; Kant wird Privatdozent für Philosophie an der Universität Königsberg

1756 Drei Abhandlungen über das Erdbeben von Lissabon – ›Monadologia physica‹ – Erfolglose Bewerbung um die Professur für Logik und Metaphysik

1758 Erneut erfolglose Bewerbung um diese Professur

1762 Herder ist bis 1764 Kants Hörer. – ›Der einzig mögliche Beweisgrund zu einer Demonstration des Daseins Gottes‹

1764 Kant lehnt die angebotene Professur für Dichtkunst ab. – ›Beobachtungen über das Gefühl des Schönen und Erhabenen‹ – Zweiter Preis der Preußischen Akademie der Wissenschaften für die ›Untersuchung über die Deutlichkeit der Grundsätze der natürlichen Theologie und der Moral‹

1766 Unterbibliothekar an der königlichen Schlossbibliothek – ›Träume eines Geistersehers‹

1769 Ablehnung eines Rufes an die Universität Erlangen

1770 Ablehnung des Rufes an die Universität Jena – Ordentlicher Professor für Logik und Metaphysik der Universität Königsberg mit der Abhandlung ›De mundi sensibilis atque intelligibilis forma et principiis‹

1772 Aufgabe der Tätigkeit in der Schlossbibliothek

1781 ›Kritik der reinen Vernunft‹

1783 ›Prolegomena zu einer jeden künftigen Metaphysik‹

1784 ›Idee zu einer allgemeinen Geschichte in weltbürgerlicher Absicht‹ – ›Beantwortung der Frage: Was ist Aufklärung?‹

1785 ›Grundlegung zur Metaphysik der Sitten‹

1786 Rektor der Universität – Auswärtiges Mitglied der Berliner Akademie der Wissenschaften – ›Metaphysische Anfangsgründe der Naturwissenschaft‹ –

›Mutmaßlicher Anfang der Menschengeschichte‹

1787 Zweite Auflage der ›Kritik der reinen Vernunft‹

1788 Zweites Rektorat – ›Kritik der praktischen Vernunft‹

1790 ›Kritik der Urteilskraft‹

1793 ›Die Religion innerhalb der Grenzen der bloßen Vernunft‹ – ›Über den Gemeinspruch: Das mag in der Theorie richtig sein, taugt aber nicht für die Praxis‹

1794 Wahl in die Petersburger Akademie der Wissenschaften – Konflikt mit der preußischen Zensur

1795 ›Zum ewigen Frieden‹

1796 Beendigung der Vorlesungstätigkeit

1797 ›Die Metaphysik der Sitten‹

1798 Wahl in die Akademie der Wissenschaften von Siena – ›Der Streit der Fakultäten‹ – ›Anthropologie in pragmatischer Hinsicht‹

1803 Oktober: Erste schwere Erkrankung

1804 12. Februar: Kant stirbt. Das Begräbnis findet am 28. Februar statt

# Zitierweise und Kürzel

Die Werke Kants werden nach der ersten Auflage (A) oder der zweiten, manchmal von Kant erheblich erweiterten oder veränderten Auflage (B) zitiert; B 92 heißt z. B. 2. Auflage, Seite 92. Diese Seitenangaben werden bei allen verfügbaren Ausgaben der Werke Kants angezeigt. Wir folgen hier dem Nachdruck der von Wilhelm Weischedel herausgegebenen Studienausgabe in der Wissenschaftlichen Buchgesellschaft, Darmstadt 1968.

Kant-Zitate werden mit folgenden Werk-Kürzeln gekennzeichnet:

| | |
|---|---|
| GMS | Grundlegung zur Metaphysik der Sitten |
| IaG | Idee zu einer allgemeinen Geschichte in weltbürgerlicher Absicht |
| KpV | Kritik der praktischen Vernunft |
| KrV | Kritik der reinen Vernunft |
| KU | Kritik der Urteilskraft |
| MAM | Mutmaßlicher Anfang der Menschengeschichte |
| MS | Die Metaphysik der Sitten |
| PkM | Prolegomena zu einer künftigen Metaphysik |
| RGV | Die Religion innerhalb der Grenzen der bloßen Ver nunft |
| SF | Der Streit der Fakultäten |
| WiA | Beantwortung der Frage: Was ist Aufklärung? |
| ZeF | Zum ewigen Frieden |

# Bibliografie


**I Werkausgaben**

Gesammelte Schriften, begonnen von der Königlich Preußischen Akademie der Wissenschaften (Akademieausgabe); 1. Abteilung: Werke (Bd. I–IX); 2. Abt.: Briefwechsel (Bd. X–XIII); 3. Abt.: Nachlaß (Bd. XIV–XXIII), Berlin 1900–1955; 4. Abt.: Vorlesungen (Bd. XXIV– XXIX), Berlin 1966ff; 5. Abt.: Kant-Index (Bd. XXXff.), noch nicht erschienen

Werke. Akademie Textausgabe, Bd. I–XI, Berlin 1968; Anmerkungen, Berlin/New York 1977

Sämtliche Werke, hg. von K. Vorländer zusammen mit O. Buek u. a., 10 Bde., Leipzig 1904–1914

Werke, hg. von E. Cassirer zusammen mit H. Cohen u. a., 11 Bde., Berlin 1912–1922

Werke in sechs Bänden, hg. von W. Weischedel, Wiesbaden 1956–1964 (Nachdruck: Darmstadt 1963–1964, 10 Bde., Sonderausgabe 1983; seitenidentische Paperbackausgabe: Frankfurt/M. 1968 u. ö., 12 Bde.)

Studienausgaben in der Philosophischen Bibliothek Meiner, Hamburg

Politische Schriften, hg. von O. H. v. d. Gablentz, Köln/Opladen 1965

Briefwechsel. Auswahl und Anmerkungen von O. Schöndörffer, bearbeitet von R. Malter, mit einer Einleitung von R. Malter und J. Kopper, Hamburg 1986 (3., erw. Aufl.)

**II Hilfsmittel**

Adickes, E.: German Kantian Bibliography, 2 Bde., Boston/New York 1895f. (Neudruck: Würzburg o. J.)

Delfosse, H. P., Oberhausen, M.: Stellenindex und Konkordanz zur ›Kritik der reinen Vernunft‹, Stuttgart 1993

Eisler, R.: Kant-Lexikon. Nachschlagewerk zu Kants sämtlichen Schriften, Briefen und handschriftlichem Nachlaß, Berlin 1930 (Nachdruck: Hildesheim 1961, Paperback 1972)

Hinske, N., Weischedel, W.: Kant-Seitenkonkordanz, Darmstadt 1970

Hinske, N.: Kant-Index. Erstellt in Zusammenarbeit mit H. P. Delfosse und E. Reinhardt, Stuttgart/Bad Cannstatt o. J.

Kant-Studien. Die Zeitschrift führt seit Bd. 60 (1969) eine von R. Malter besorgte fortlaufende Bibliographie der Arbeiten über Kant.

Ludwig, R.: Kant für Anfänger. Die Kritik der reinen Vernunft. Eine Lese-Einführung, München 1996 (4. Aufl.)

Ludwig, R.: Kant für Anfänger. Der kategorische Imperativ, München 1997 (4. Aufl.)

Martin, G. (Hg.): Allgemeiner Kantindex zu Kants gesammelten Schriften. In Zusammenarbeit mit I. Heidemann u. a., Berlin 1967ff.

Roser, A., Mohrs, Th.: Kant-Konkordanz in zehn Bänden, Hildesheim/Zürich/New York 1992–1995

**III Literatur**

**Gesamtdarstellungen und allgemeine Werke**

Cassirer, E.: Kants Leben und Lehre, Berlin 1921 (2. Aufl.), Nachdruck: Darmstadt 1994

Gerhard, V., Kaulbach, F.: Kant, Darmstadt 1979

Heidemann, D., Engelhard, K. (Hg.): Warum Kant heute?, Berlin 2003
Heimsoeth, H.: Studien zur Philosophie Immanuel Kants, 2 Bde., Bonn 1970
Hinske, N.: Kant als Herausforderung an die Gegenwart, Freiburg/München 1980
Höffe, O.: Immanuel Kant, München 1996 (4., durchgesehene Aufl.)
Jaspers, K.: Kant, in: Die großen Philosophen, Bd. I, München/Zürich 1988 (4. Aufl.), S. 397–616; auch als: Kant. Leben, Werk, Wirkung. München/Zürich 1983 (2. Aufl.)
Kaulbach, F.: Immanuel Kant, Berlin 1982 (2. Aufl.)
Ludwig, R.: Der kategorische Imperativ. Eine Lese-Einführung, München, dtv
Ludwig, R.: Die Kritik der reinen Vernunft. Eine Lese-Einführung, München, dtv
Oberer, H., Seel, G. (Hg.): Kant. Analysen – Probleme – Kritik, Würzburg 1988
Oberer, H. (Hg.): Kant II. Analysen – Probleme – Kritik, Würzburg 1995
Prauss, G. (Hg.): Kant. Zur Deutung seiner Theorie vom Erkennen und Handeln, Köln 1973
Schmitz, H.: Was wollte Kant?, Bonn 1989
Schulte, G.: Immanuel Kant, Frankfurt/M./New York 1991
ders.: Philosophie jetzt!, München, dtv

**Lebensweg und philosophische Entwicklung**

Groß, F. (Hg.): Immanuel Kant. Sein Leben in Darstellungen von Zeitgenossen. Die Biographien von L. E. Borowski, R. B. Jachmann und A. Ch. Wasianski, Berlin 1912 (Nachdruck: Darmstadt 1968)
Gulyga, A.: Immanuel Kant, Moskwa 1977, dt. Frankfurt/M. 1981
Heimsoeth, H., Henrich, D., Tonelli, G. (Hg.): Studien zu Kants philosophischer Entwicklung, Hildesheim 1967
Hinske, N. (Hg.): Kant und die Aufklärung, in: Aufklärung, Jahrg. 7, H. 1, Hamburg 1992
Ritzel, W.: Immanuel Kant. Zur Person, Bonn 1975
Schultz, U.: Immanuel Kant mit Selbstzeugnissen und Bilddokumenten, Reinbek 1965
Vorländer, K.: Immanuel Kant. Der Mann und das Werk, 2 Bde. Leipzig 1924 (Nachdruck: Hamburg 1990, 3. Aufl.)

**Erkenntnistheorie**

Baumgartner, H. M.: Kants Kritik der reinen Vernunft. Anleitung zur Lektüre, Freiburg/München 1988 (2. Aufl.)
Bittner, R.: Über die Bedeutung der Dialektik Immanuel Kants (Diss.), Heidelberg 1970
Böhme, G.: Philosophieren mit Kant. Zur Rekonstruktion der Kantischen Erkenntnis- und Wissenschaftstheorie, Frankfurt/M. 1986
Böhme, H. und G.: Das Andere der Vernunft. Zur Entwicklung der Rationalitätsstrukturen am Beispiel Kants, Frankfurt/M. 1983
Brandt, R.: Die Urteilstafel. Kant-Forschungen Bd. 4, Hamburg 1991
Cohen, H.: Kommentar zu Immanuel Kants Kritik der reinen Vernunft, 2 Bde., Leipzig 1920 (3. Aufl.)
Heckmann, R.: Kants Kategoriendeduktion. Ein Beitrag zu einer Philosophie des Geistes, Freiburg/München 1997
Heidegger, M.: Kants These über das Sein, Frankfurt/M. 1963
Heidegger, M.: Die Frage nach dem Ding. Zu Kants Lehre von den transzendentalen Grundsätzen, Tübingen 1975 (2. Aufl.)
Heidegger, M.: Phänomenologische Interpretation von Kants Kritik der reinen Vernunft, hg. von I. Görland, Frankfurt/M. 1977
Heidegger, M.: Kant und das Problem der Metaphysik, Frankfurt/M. 1991 (5., erw. Aufl.)
Heimsoeth, H.: Transzendentale Dialektik. Ein Kommentar zu Kants Kritik der reinen Vernunft, 4 Teile, Berlin 1966–1971

Henrich, D.: Identität und Objektivität. Eine Untersuchung über Kants transzendentale Deduktion, Heidelberg 1976
Höffe, O.: Kants Kritik der reinen Vernunft. Die Grundlegung der modernen Philosophie, München 2003
Krings, J.: Funktion und Grenzen der »transzendentalen Dialektik« in Kants Kritik der reinen Vernunft, in: E. Schaper, W. Vossenkuhl (Hg.): Bedingungen der Möglichkeit, Stuttgart 1984, S. 91–103
Marquard, O.: Skeptische Methode im Blick auf Kant, Freiburg/München 1978 (2. Aufl.)
Mohr, G.: Das sinnliche Ich. Innerer Sinn und Bewußtsein bei Kant, Würzburg 1991
Mudroch, V.: Kants Theorie der physikalischen Gesetze, Kant-Studien Ergänzungsheft 119, Berlin 1987
Plaas, P.: Kants Theorie der Naturwissenschaft, Göttingen 1965
Prauss, G.: Erscheinung bei Kant. Ein Problem der ›Kritik der reinen Vernunft‹, Berlin 1971
Prauss, G.: Kant und das Problem der Dinge an sich, Bonn 1977 (2. Aufl.)
Rang, B.: Naturnotwendigkeit und Freiheit. Zu Kants Theorie der Kausalität als Antwort auf Hume, Kant-Studien 81 (1990), S. 24–65
Rohs, P.: Transzendentale Ästhetik, Meisenheim 1973
Scheffer, T.: Kants Kriterium der Wahrheit. Anschauungsformen und Kategorien a priori in der ›Kritik der reinen Vernunft‹, Berlin 1993
Thöle, B.: Kant und das Problem der Gesetzmäßigkeit der Natur, Berlin/New York 1991
Vaihinger, H.: Kommentar zur Kritik der reinen Vernunft, 2 Bde., Stuttgart 1881 und 1892 (Nachdrucke: Aalen 1970 und New York/London 1976)
Waidhas, D.: Kants System der Natur. Zur Geltung und Fundierung der metaphysischen Anfangsgründe der Naturwissenschaft, Frankfurt/M. 1985
Wolf-Metternich, B. S. von: Die Überwindung des mathematischen Erkenntnisideals. Kants Grenzbestimmung von Mathematik und Philosophie, Berlin/New York 1995

**Ethik**

Beck, L. W.: A Commentary on Kant's Critique of Practical Reason, London/Chicago 1966 (dt.: Kants ›Kritik der praktischen Vernunft‹. Ein Kommentar, München 1974)
Cohen, H.: Kants Begründung der Ethik nebst ihren Anwendungen auf Recht, Religion und Geschichte, Berlin 1910 (2. Aufl.)
Henrich, D.: Der Begriff der sittlichen Einsicht und Kants Lehre vom Faktum der Vernunft, in: G: Prauss (Hg.): Kant, Köln 1973, S. 223–254
Henrich, D.: Die Deduktion der Sittengesetze, in: Denken im Schatten des Nihilismus. Festschrift für W. Weischedel, Darmstadt 1975, S. 55–112
Höffe, O.: Ethik und Politik. Grundmodelle und -probleme der praktischen Philosophie, Frankfurt/M. 1987 (3. Aufl.), S. 84–119
Höffe, O. (Hg.): Grundlegung zur Metaphysik der Sitten. Ein kooperativer Kommentar, Frankfurt/M. 1993 (2. Aufl.)
Hoerster, N.: Kants kategorischer Imperativ als Test unserer sittlichen Pflichten, in: M. Riedel (Hg.): Rehabilitierung der praktischen Philosophie, Bd. II, Freiburg i. Br. 1974, S. 455–475
Kaulbach, F.: Immanuel Kants ›Grundlegung zur Metaphysik der Sitten‹, Darmstadt 1988
neue hefte für philosophie 22: Kants Ethik heute, Göttingen 1983
Nisters, T.: Kants Kategorischer

Imperativ als Leitfaden humaner Praxis, Freiburg/München 1989
Patzig, G.: Die logischen Formen praktischer Sätze in Kants Ethik, in: Ethik ohne Metaphysik, Göttingen 1971, S. 101–126
Scheler, M.: Der Formalismus in der Ethik und die materiale Wertethik, Bern/München 1966 (5. Aufl.)
Willaschek, M.: Praktische Vernunft. Handlungstheorie und Moralbegründung bei Kant, Stuttgart 1992

**Rechts- und Staatsphilosophie**

Burg, P.: Kant und die französische Revolution, Berlin 1974
Gerhardt, V.: Immanuel Kants Entwurf ›Zum ewigen Frieden‹. Eine Theorie der Politik, Darmstadt 1995
Höffe, O.: Recht und Moral: ein Kantischer Problemaufriß, in: neue hefte für philosophie 17 (1979), S. 1–36
Höffe, O.: Kategorische Rechtsprinzipien. Ein Kontrapunkt der Moderne, Frankfurt/M. 1990
Höffe, O. (Hg.): Immanuel Kant, Zum ewigen Frieden, Berlin 1995
Kersting, W.: Wohlgeordnete Freiheit. Immanuel Kants Rechts- und Staatsphilosophie, Berlin/New York 1984 (Taschenbuchausg.: Frankfurt/M. 1993, mit einer Einleitung ›Kant und die politische Philosophie der Gegenwart‹)
Küsters, G.-W.: Kants Rechtsphilosophie. Erträge der Forschung 256, Darmstadt 1988
Unruh, P.: Die Herrschaft der Vernunft. Zur Staatsphilosophie Immanuel Kants, Baden-Baden 1991

**Geschichts- und Religionsphilosophie**

Castillo, M.: Kant et l'avenir de la culture, Paris 1990
Habichler, A.: Reich Gottes als Thema des Denkens bei Kant. Entwicklungsgeschichtliche und systematische Studie zur Kantischen Reich-Gottes-Idee, Mainz 1991
Höffe, O.: Ein Thema wiedergewinnen: Kant über das Böse, in O. Höffe, A. Pieper (Hg.): W. J. Schelling, Über das Wesen der menschlichen Freiheit, Berlin 1995, S. 11–34
Kleingeld, P.: Fortschritt und Vernunft. Zur Geschichtsphilosophie Kants, Würzburg 1995
Muglioni, J.-M.: La philosophie de l'histoire de Kant, Paris 1993
Picht, G.: Kants Religionsphilosophie, Stuttgart 1990 (2. Aufl.)
Ricken, F., Marty, F. (Hg.): Kant über Religion, Stuttgart/Berlin/Köln 1992
Schweitzer, A.: Die Religionsphilosophie Kants von der ›Kritik der reinen Vernunft‹ bis zur ›Religion innerhalb der Grenzen der bloßen Vernunft‹, Freiburg i. Br. 1899 (Nachdruck: Hildesheim/New York 1974)
Weiand, K.: Kants Geschichtsphilosophie, Köln 1964
Wimmer, R.: Kants kritische Religionsphilosophie, Berlin/New York 1990

**Kritik der Urteilskraft**

Esser, A. (Hg.): Autonomie der Kunst? Zur Aktualität von Kants Ästhetik, Berlin 1995
Fricke, Ch.: Kants Theorie des reinen Geschmacksurteils, Berlin/New York 1990
Kulenkampff, J.: Kants Logik des ästhetischen Urteils, Frankfurt/M. 1994 (2. Aufl.)
Kulenkampff, J. (Hg.): Materialien zu Kants ›Kritik der Urteilskraft‹, Frankfurt/M. 1974
McLaughlin, P.: Kants Kritik der teleologischen Urteilskraft, Bonn 1989
Riha, R.: Reale Geschehnisse der Freiheit. Zur Kritik der Urteilskraft in Lacanscher Absicht, Wien 1993
Teichert, D.: Immanuel Kant ›Kritik der Urteilskraft‹. Ein einführender Kommentar, Paderborn 1992

# Register

# Bildnachweis



*Leider konnten nicht alle Rechte der hier aufgeführten Abbildungen ausfindig gemacht werden. Berechtigte Ansprüche werden selbstverständlich abgegolten.*

## dtv portrait

Herausgegeben von Martin Sulzer-Reichel
Originalausgaben

**Biographien bedeutender Frauen und Männer aus Geschichte, Literatur, Philosophie, Kunst und Musik**

**Hannah Arendt**. Von Ingeborg Gleichauf. dtv 31029
**Johann Sebastian Bach**. Von Malte Korff. dtv 31030
**Ingeborg Bachmann.** Von Joachim Hoell. dtv 31051
**Thomas Bernhard.** Von Joachim Hoell. dtv 31041
**Hildegard von Bingen.** Von Michaela Diers. dtv 31008
**Otto von Bismarck.** Von Theo Schwarzmüller. dtv 31000
**Heinrich Böll.** von Viktor Böll und Jochen Schubert. dtv 31063
**Die Geschwister Brontë.** Von Sally Schreiber. dtv 31012
**Giordano Bruno.** Von Gerhard Wehr. dtv 31025
**Georg Büchner.** Von Jürgen Seidel. dtv 31001
**Fidel Castro.** Von Albrecht Hagemann. dtv 31057
**Frédéric Chopin.** Von Johannes Jansen. dtv 31022
**Joseph Conrad.** Von Renate Wiggershaus. dtv 31034
**Hedwig Courths-Mahler.** Von Andreas Graf. dtv 31035
**Marlene Dietrich.** Von Werner Sudendorf. dtv 31053
**Annette von Droste-Hülshoff.** Von Winfried Freund. dtv 31002
**Alexandre Dumas.** Von Günter Berger. dtv 31061
**Marieluise Fleißer.** Von Carl-Ludwig Reichert. dtv 31054
**Theodor Fontane.** Von Cord Beintmann. dtv 31003
**Friedrich II. von Hohenstaufen.** Von Ekkehart Rotter. dtv 31040
**Max Frisch.** Von Lioba Waleczek. dtv 31045
**Günter Grass.** Von Claudia Mayer-Iswandy. dtv 31059
**Heinrich Heine.** Von Jan-Christoph Hauschild. dtv 31058
**Jimi Hendrix.** Von Corinne Ullrich. dtv 31037
**Hermann Hesse.** Von Klaus Walther. dtv 31062
**Alfred Hitchcock.** Von Enno Patalas. dtv 31020
**Victor Hugo.** Von Jörg W. Rademacher. dtv 31055
**Jesus von Nazaret.** Von Dorothee Sölle und Luise Schottroff. dtv 31026
**Janis Joplin.** Von Ingeborg Schober. dtv 31065
**Novalis.** Von Windfried Freund. dtv 31043
**Franz Kafka.** Von Detlev Arens. dtv 31047
**Erich Kästner.** Von Isa Schikorsky. dtv 31011
**John F. Kennedy.** Von Andreas Etges. dtv 31068
**Heinrich von Kleist.** Von Peter Staengle. dtv 31009
**John Lennon.** Von Corinne Ullrich. dtv 31036
**Stéphane Mallarmé.** Von Hans Therre. dtv 31007
**Klaus Mann.** Von Armin Strohmeyr. dtv 31031
**Maria Theresia**. Von Edwin Dillmann. dtv 31028
**Karl May.** Von Klaus Walther. dtv 31056
**Jim Morrison.** Von Ingeborg Schober. dtv 31049
**Nostradamus.** Von Frank Rainer Scheck. dtv 31024
**Pablo Picasso.** Von Hajo Düchting. dtv 31048
**Edgar Allan Poe.** Von Frank Zumbach. dtv 31017
**Karl Popper.** Von Martin Morgenstern und Robert Zimmer. dtv 31060
**Marcel Proust.** Von Fritz Glunk. dtv 31064
**Rainer Maria Rilke.** Von Stefan Schank. dtv 31005
**John Steinbeck.** Von Annette Pehnt. dtv 31010
**August Strindberg.** Von Rüdiger Bernhardt. dtv 31013
**Giuseppe Verdi.** Von Johannes Jansen. dtv 31042
**Oscar Wilde.** Von Jörg W. Rademacher. dtv 31038
**Frank Zappa.** Von Carl-Ludwig Reichert. dtv 31039